培养孩子的社会情商

47个教养工具 提升孩子的社会竞争力

叶如风／著

中国妇女出版社

图书在版编目（CIP）数据

培养孩子的社会情商 / 叶如风著. -- 北京 ：中国妇女出版社，2020.10（2022.4 重印）
ISBN 978-7-5127-1903-3

Ⅰ.①培… Ⅱ.①叶… Ⅲ.①情商－儿童教育－家庭教育 Ⅳ.①G782

中国版本图书馆CIP数据核字（2020）第180022号

培养孩子的社会情商

作　　者：叶如风 著
责任编辑：王海峰
封面设计：尚世视觉
责任印制：王卫东
出版发行：中国妇女出版社
地　　址：北京市东城区史家胡同甲24号　　邮政编码：100010
电　　话：（010）65133160（发行部）　　65133161（邮购）
网　　址：www.womenbooks.cn
法律顾问：北京市道可特律师事务所
经　　销：各地新华书店
印　　刷：三河市祥达印刷包装有限公司
开　　本：150×215　1/16
印　　张：16.75
字　　数：250千字
版　　次：2020年10月第1版
印　　次：2022年4月第8次
书　　号：ISBN 978-7-5127-1903-3
定　　价：49.80元

推荐序 PREFACE

我与本书作者叶如风女士，以及她的爱人俞丽辉先生，相识于十几年前的一次采访。他们夫妻俩常来我家小坐，或闲聊我对心理学的思考，或探讨他们在家庭教育研究中的迷思。

如风小友做过多年媒体记者，同时主管报社小记者学校事务，她常常带着具体的有关青少年成长的问题，来找我讨论。这样一来二去，我们成了忘年交。

我有幸成为她的新作《培养孩子的社会情商》最早的读者，同时了解了她写作此书的前因后果，不禁为她点赞。

一位资深的媒体人，却不哗众取宠，而是直面“孩子的社会化发展”这个痛点，难能可贵。作者在书中将新闻学、社会学、心理学融合得恰到好处，既体现了媒体人的高度责任感，又凸显了社会学、心理学的应用价值。

我敬佩她的勇气和智慧。

我之所以敬佩作者的勇气，是因为她的这本书，与那些聚焦所谓“虎爸虎妈”的教养策略、传授所谓名校学霸的学习经验等赚噱头的书截然不同。

多少望子成龙的家长，都希望从那些进入世界名校的孩子身上复制成功经验。有些书籍正是利用了家长们对孩子“期望高，方法少”的无奈，大肆炒作。无奈的家长盲目照搬，结果造成更大的无奈。

叶如风则不然。她敢于放弃“升学”“培训”“名校”等所谓热点问题，倾心关注大多数普通孩子的成长历程，直面当今孩子社会化过程中普遍存在的各种各样的问题。这是勇气，也是担当。

我之所以敬佩作者的智慧，是因为她在“家庭教养”的层面，紧紧抓住了“社会情商”这重要一环。很多家长在“苦口婆心”地告诉孩子“知识改变命运”，并不断用别人家的孩子来衡量自己家的孩子时，却忽略了一个最基本的道理——世界上没有两个完全相同的人。拿别人家孩子的“优秀”来否定自家孩子，不仅无助于自家孩子的成长，反而可能伤害自己的孩子。

孩子带着父母给予的负面暗示，踏入社会，哪会有价值感和幸福感？个中艰辛滋味，谁人能知？

那些令人心痛的案例无时无刻不在考问我们：为什么那么多看似“完美”的孩子，一旦踏入社会，人生会出现“急转弯”甚至“翻车”？

“知识改变命运”没错，“性格决定命运”也不可忽视。性格形成于人生早期。在那些问题缠身乃至犯罪的青少年身上，我们可以看到原生家庭错误的教养模式带给他们的影响。

让我欣慰的是，叶如风小友的这本书，敏锐地抓住了家庭教育中最重要的一个层面——“社会情商”的培养。我认为她抓住了家庭教育的核心。她从鲜活的热点新闻事件出发，配以大量案例分析和亲身经历，层层剖析，并总结出了切实可行的教养工具。家长如果能把这些工具融会贯通，必定能全面锻造孩子的社会情商，为孩子未来行走社会保驾护航。

此书的出版，既是作者社会责任感的体现，也是她多年研究探索的成果展示，更是广大读者的福音。

是为序。

秦启庚

上海心理学会副理事长

上海市心理学会基础教育专业委员会主任

华东师范大学硕士研究生导师、教授

2020年8月

自序 PREFACE

我是一名职业媒体人，曾是上海《新民晚报》社会新闻版的一名记者兼编辑。我在报社创立了“新民晚报小记者学校”，同时担任校长和总教练，专注于青少年社会情商培养。这么多年，1000多名优秀的小记者从我们这里毕业。我还发起了上海市青少年人才“蓄水池计划”，为上百所学校输送了大量青少年综合人才。

除了社会新闻记者、青少年社会情商教练这两个核心身份以外，我还有个重要的身份——15岁男孩米奇的妈妈。很多读者都叫我米妈。

从“乖孩子”到“怪孩子”

在十几年的职业生涯里，我接触过上万个孩子，其中有蹒跚学步的幼儿，有意气风发的大学生。我爱他们。我爱他们黑白分明的眼睛，我爱他们天真无邪的笑脸。我爱他们的冷笑话，也爱他们的恶作剧。正因为这样，每当看到与青少年相关的负面新闻事件，我都坐立不安、揪心难受！

在三个核心身份的交织中，我围绕青少年成长的主题，采写了一大批有案例、有观点、有思考、有方法的稿件。这些稿件不约而同地关注了一个重要的教养问题：社会化发展。

孩子从用小脚丫跨出家门的那一刻起，他就不得不面对他的社会化发展问题。从第一次在幼儿园和其他孩子抢玩具，到上大学后在寝室跟舍友微妙相处……伴随孩子成长的远不止书本和分数，还有时时刻刻存在的社会交往和人际关系。

我在采访中发现，父母在教养过程中，如果过于在意培养传统意义上的“乖孩子”，很容易培养出一个“怪孩子”，比如拖拉的孩子、暴躁的孩子、自卑的孩子、孤独的孩子、冷漠的孩子、蛮不讲理的孩子、挫折感强的孩子、没有安全感的孩子……

“现实感缺失”是核心原因

“乖孩子”为何会变成“怪孩子”？我越来越发现，现实感的缺失是其中最核心的原因。

生长在互联网和人工智能时代的青少年，他们面临的竞争、压力和诱惑几乎是空前的。长期裹挟于升学考试、各种培训班、互联网、家长的过度控制等之中，孩子很少有机会体验真实的世界。

被升学考试裹挟的孩子，太需要现实感了；

被各种电子设备引诱的孩子，太需要现实感了；

被大量培训班拖累的孩子，太需要现实感了；

被父母过度控制或关爱的孩子，太需要现实感了；

……

比如，我在本书中提到的两个案例：

一个初中女生和妈妈去菜市场买菜时，指着青色的活虾问摊主：“咦？你卖的虾为什么跟我们家的不一样？我们家的虾是红色的！”——苦笑！

一个就读于一所知名高中的男生因为早恋问题，和母亲发生冲突，冲动之下跳楼自杀，气息尚存之际提醒路人打120，但为时晚矣。——悲痛！

对现实世界不感兴趣的孩子，容易成为问题孩子

很多年前，个体心理学创始人、著名心理学家阿德勒就提出，个体生存不可逃避的三个基本问题是：人与他人的关系、人与职业的关系、人与异性的关系。这些都表明人是一个社会存在。

而在这其中，父母最重要的任务就是，尽早培养和发展孩子的社会情感和社会兴趣。一个只身埋头于书本或手机里、对现实世界（真实的人）不感兴趣的孩子，容易成为问题孩子。

这几年，我将自己的大部分时间用在了“青少年社会情商培养”的研究上。我所理解的“社会情商的培养”，不仅包括孩子对人际社会的科学认识和参与兴趣的培养，更包括自信力、自控力、生命教育、财商教育、沟通能力（尤其是拒绝能力）、界限感以及社会责任感的培养。父母若忽视或错过孩子“社会情商”发展的最佳时机，会让孩子带着“失落的一角”长大，然后进入社会。这样的孩子，容易在社会上栽跟头。

作为家长，我们要时刻思考一个问题：家庭教育的最终目的到底是什么？

我的观点是，我们不要刻意培养一个“完美孩子”，而要努力培养一个现实感强的孩子，有完整的“社会情商”的孩子。社会充满不确定因素，机遇和挑战并存。孩子要想游刃有余地行走社会，必须全面接受社会情商的培养，其重要性不亚于升学考试。

以提高“社会情商”为抓手，提升孩子的现实感

那么，如何提升孩子的现实感？我根据自己多年关于青少年教养的思考和实践，围绕“培养孩子的社会情商”这个主题，总结出了一套行之有效的养育方法。这是本书的缘起。

以近些年见诸新闻头条的与青少年培养有关的热点社会事件为引子，我提炼出了15个培养孩子社会情商的教养重点。我的目的是构建一个孩子完整社会情商的养育闭环，为孩子未来更好地适应社会、造福社会提供助力，为孩子的成长提供丰富的养料。

我想提醒大家的是，这15个教养重点不是割裂的，而是互为联系、互相作用的。我希望所有父母都能重视这些教养重点，并且有勇气改进自己的教养方式。

基于孩子社会情商的培养，我有三句话与大家共勉：

父母是塑造孩子“社会情商”的终身导师；

家庭是孩子实践“社会情商”的启蒙场所；

社会是检验孩子“社会情商”的最终舞台。

在这里，我要借此机会感谢我的父母——李国富先生和刘美华女士，你们的精心培养，造就了我乐观、坚毅的性格，以及善于和社会打交道的能力。我要感谢我的丈夫俞丽辉先生（米爸）以及我的儿子俞奇铎（米奇），你们都是我的第一读者，为本书的出版提了很多切实可行的建议。

我还要特别感谢在本书的写作过程中给予我很多帮助的朋友，尤其是屈辉女士、刘芳女士、倪珺女士、干玉兰女士、蒲虹羽女士、王红女士、郭爽女士、陈润华女士、陈悦琼女士、秦启庚先生、刘润先生、翟墨先生、范永峰先生等。

当然，我要特别感谢正在阅读这本书的你。谢谢你把自己生命中十分可贵的“阅读时间”给了这本书。我也热切期盼你的反馈。

我的联系方式：

微信：leafish888（敲门暗号：社会情商）

邮箱：985022982@qq.com

目录 CONTENTS

第1章

培养自信和勇气，让孩子相信自己能行

启示录：

第2章
培养自控力，让孩子从容应对生活、学习和工作

启示录：
别让“时间杀手”毁掉孩子的自控力

第3章
孩子有“韧性”，未来才能更抗压

启示录：
97岁诺贝尔奖获得者“足够好爷爷”的魔性笑声

第4章
生命教育，每个孩子都不能错过的社会课

第5章
沟通能力，是社会能力发展的第一能力

第6章
让孩子告别“孤独病”，发展积极的心理能力

启示录：
名校高才生拿硫酸泼熊背后的真相是什么

第7章
教会孩子正确处理“同伴压力”

启示录：
品学兼优的女生为何堕入吸毒的深渊

第8章
教孩子学会“良性比较”，未来才能正向竞争

启示录：

第9章
能正确应对校园欺凌，未来行走社会才能游刃有余

启示录：

第14章 诚信的素养，是孩子行走社会的道德资产

启示录：说话不算数的大人，会让孩子记恨一辈子

第15章 给孩子一颗“责任心”，让孩子在社交中赢得主动

启示录：医生用嘴吸尿救人！当事人淡然回应：天职所在

第1章

培养自信和勇气，
让孩子相信自己能行

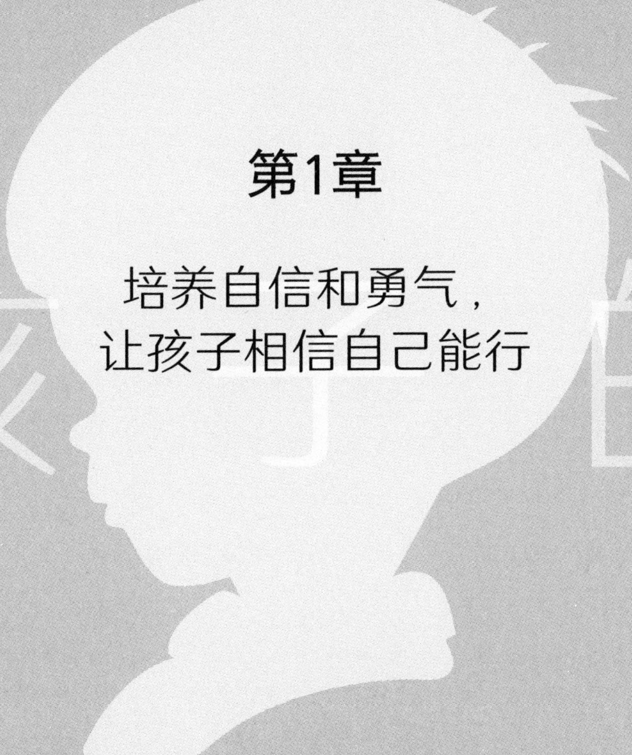

启示录：

女儿说“我是最丑的孩子”，妈妈这样霸气回应

如果有一天，你的孩子沮丧地对你说：“妈妈，我是世界上最丑的孩子。”你将如何应对？美国著名歌手、创作人Pink在一次颁奖晚会上，和观众分享了自己与女儿的一个小故事。

Pink说，有一次她开车送女儿去学校时，女儿难过地说：“妈妈，我知道，我是世界上最丑的女孩。”这位红遍美国的超级明星一时不知如何应对，于是用一个语气词对当时的尴尬气氛做了一个小小的缓冲：“哈？”

别小看这个缓冲。第一，她可以为自己赢得时间，进而思考如何应对；第二，这种方式可以鼓励孩子继续说下去。

有时家长过于敏感的反应可能会吓到孩子，从而阻断孩子的倾诉。

女儿继续说：“我像是一个留着长头发的男孩。”

听到这句话，Pink内心波涛汹涌。她在颁奖晚会上分享了自己当时的想法：“天哪，她才6岁，怎么会有这种想法，是不是谁说了什么？我能踢他的屁股吗？”

然而，想法归想法，Pink当时控制住了自己的情绪，并没有说什么。回到家，她立即默默地做了一个PPT，然后找了一个机会在女儿面前做了一次演讲。她在PPT里，提到了大量当代社会活出真实自我的歌手和艺术家：“他们一直在坚持真我，哪怕一直受到嘲笑。他们就像旗帜一样，鼓舞着我们。”

Pink慷慨激昂地讲着，同时不停地观察女儿的反应。

她不失时机地问女儿：“我真不知道你觉得自己像个男孩的想法是怎么来的。你看看我，你觉得我好看吗？”

女儿说：“好看。”

“谢谢！”Pink话锋一转说，“但是，你知道吗？我其实一直被人嘲笑。比如，有人嘲笑我肌肉太多、腿太粗、身体太强壮，说我像个男人。”

接下来，Pink连问了女儿4个问题：

“你看我为此留长发了吗？”（Pink一直以短发示人。）

“没有，妈妈。”

“你看我为此改变身材了吗？”

“没有，妈妈。”

“你看我改变向世界展示自我的方式了吗？”

“没有，妈妈。”

最后，Pink放出了一个大招：“你看我的演唱会门票是不是全部卖完了呀？”

“是的，妈妈。”

最后，Pink终于揭开了这次演讲的“核心思想”：我们不需要为谁改变，也不必用外表来吸引别人。我们若能努力，都将活出最好的自己。

最后，Pink当着颁奖晚会上所有人的面，铿锵有力地对女儿说：“我的宝贝女儿，你很美，我爱你！”

那一刻，女儿热泪盈眶。

Pink给很多家长上了一课，一堂关于自卑和自信的课。个体心理学创始人、奥地利著名心理学家阿尔弗雷德·阿德勒曾说，儿童天生有自卑感，因为他们还未成年，所以养育者给予的指导异常重要。

当孩子被自卑笼罩时，Pink没有反复说教，也没有用空洞无力的语言去鼓励，而是身体力行，用实例结合自己的经历，帮助孩子树立自信。

有这样的妈妈，真是孩子的幸运。

要让孩子拥有完整的社会情商，家长必须重视孩子自信力的培养。自信力是一种后天可以习得的技能。这种技能，光芒无限，意义重大，能给孩子自尊和成就感，可谓孩子社会情商的“核心维生素”。如果缺乏自信，孩子的成长将严重受挫，人生也不会一帆风顺。

让我们一起给孩子一个稳定其内心的支点，带他正确地认识自我，自信地拥抱自我，从而真正实现自我价值。

教养工具1：
用“你的信任”激发孩子的自信

我在做小记者培训项目时，常和家长打交道。我经常被问到的一个问题是：“老师，我家孩子不自信，怎么才能帮他建立自信呢？”

通常，我会这样反问：“你百分百信任你的孩子吗？”这时，家长总是七嘴八舌地回答：“没法信任他呀！”“有时他在房间里，说是写功课，真不知道在捣鼓什么？”“他总是天马行空地要做这做那，明明没这个能力，非要异想天开……”

美国知名儿童心理学家鲁道夫·德雷克斯和薇姬·索尔兹在著作《孩子：挑战》中写道，我们要不间断地向孩子表达信心和信任，这是一种能够帮助孩子克服任何困难的态度。

孩子从出生起，接触最多的人是父母。他的自信力，最初源于与父母高质量的互动。他第一次走路时，第一次说话时，你的积极回应和正面的鼓励都将是他自信的源泉。

孩子人生早期通过养育者的反应来认识自我、了解自我。如果得到的反馈是自己有力量、值得信任，孩子一定会唤醒内在的资源去发展自己，自然而然会发展出自信和解决问题的能力。

很多人有过这样的经历：当领导把一个重要的项目交给我们，我们会感到肩头责任重大，内心会油然而生一种被人信任的激动，接着浑身上下充满力量和信心，然后会调动一切资源，尽自己所能地干好这件事。

同理，**帮孩子建立自信的第一要诀，就是——给孩子一颗“信任糖”。**

那些被“信任糖”滋养的孩子，眼睛里的光芒比同龄人更耀眼，他们体内将永远深藏一种力量。这样的孩子往往能最大程度发挥自己内在的潜能，进而发展出自信心和各种能力，克服种种困难，活出从容自在的人生。

下面，我分享一个与我自己有关的例子。2018年8月，我和米爸带米奇去敦煌玩了几天，当晚在营地露营。第二天，我们很早就起来，为的是一睹鸣沙山的日出。看日出的最佳地点是营地旁边的沙山上。这座沙山目测高约100米，坡度为75°左右。

我和米奇开始登山时，米爸早我们一步，已经登上了山顶。我和米奇提了一口气，开始攀登沙山。有沙漠徒步经历的朋友应该知道，攀爬沙山特别难，经常走两步陷一步，十分吃力。这座沙山特别陡，我们俩好不容易才爬到沙山的三分之二处，累得气喘吁吁，甚至有放弃的打算。

这时，率先到达山顶的米爸连同几个陌生人，一起朝我们大喊：“加油，米奇！加油，米妈！你们肯定行！”说来神奇，我们仿佛被注入了一股神力，咬紧牙关，一口气冲到了山顶。我们做到了！我和米奇忍不住击掌庆贺。眺望沙漠的尽头，一轮旭日正冉冉升起，好壮观！

事后，我和米奇交流。他跟我有一样的感受，被爸爸还有其他陌生人信任的感觉真好！他们都相信我们一定能爬上去，我们仿佛接收到了他们的“信任磁场”，浑身上下充满了力量，最终一鼓作气征服了沙山。“我觉得自己挺擅长爬山的，上辈子会不会是一只岩羊啊？”米奇说完，自己先哈哈大笑起来。

我们无条件地信任孩子，不断向他发送“信任磁场”，他就一定能接收到我们发送的“电波”。接下来，他会有很强的动力和自信去解决问题。

有时候，我们对孩子的信任还可以体现在“退后一步”上，以腾出空间让孩子自己发展自信。米奇小学时某次期中考试，因为发烧在家，没有参加。第二天米奇病情稳定后，我向老师要来考卷，想让米奇在家里做一下。

当时，不知为何我心里居然冒出这样一个念头：让他在卧室里独自考试，他会不会偷看书本呢？但随即我就被自己这个“龌龊”的想法吓了一跳。我的孩子从小到大最可贵的品质就是诚实，难道这点小事我还不能信任他？

于是，我大方地把考卷给他，在他书桌上放了一个闹钟，然后摸摸他的头说：“如果你身体恢复了，就把试卷做完。妈妈去给你做好吃的了！”一小时后，他从自己的房间出来把考卷递给了我。我算了算分数，差不多是他平时的水平。我心里松口气：幸好我选择信任他，否则他该有多伤心、多气馁！

自信还可以来自同伴。去年，我一个受访者告诉我，她女儿在读初三，压力很大。另外，她还告诉我，她女儿的班里每个同学压力都很大。她问我怎么办，我给她女儿所在班级的班主任出了个主意。这个主意立即被采纳。这个主意是这样的，让班上每个孩子写下希望考取的高中，并将其贴在教室的墙上；然后，每天早晨，无论哪个同学走进教室，全班同学都齐声呼喊：“某某某，你一定能考上某某高中！你能行！加油！”

受访者的女儿后来回忆说，她那些天每一次走进教室，听到同学温暖的呼喊，看到同学充满信任的眼睛，常常热泪盈眶，心底不由得升腾出一股力量。那段时间，她仿佛变了一个人，异常刻苦，最终考取了理想的重点高中。而那个班，成为全校重点高中录取率最高的班级。

你看，这颗来自全班同学的“信任糖”甜不甜？

人性的本质是渴望欣赏。既然如此，来吧！酿一颗“信任糖”，递到孩子嘴边，让他尽情品尝这甘美的滋味。在你的无限信任中，他会积蓄无穷的力量，自信心也就油然而生了。

教养工具2：

用兴趣爱好帮孩子建立自信

有一次，一个家长抱怨说：“我辛辛苦苦带孩子参加这个班、那个班，孩子学了很多技能，但我总感觉他还是没有自信，遇到事情总是畏畏缩缩，或者提不起精神。”我想，类似这样的家长也许忽略了一个重点：你给孩子报的班，是你喜欢的，还是他喜欢的？试想一下，如果孩子觉得无趣，没有内在动力，他如何发展自信？

因此，增加孩子自信心的另一个法宝，是“培养孩子的兴趣爱好”。

美学大师蒋勋先生在一次演讲中说，他在十三四岁时，心情非常苦闷，于是他开始思考，人到底是什么？人的精神在哪里？等等。由此，他很自然地就爱上了文学。从那以后，他如痴如醉地徜徉书海，发现了潜藏其中的巨大的乐趣。

有一段时间，他本来成绩很好的几门功课——因为他对文学的狂热——成绩下滑了不少。他说：“幸好文学救了我，让我有了足够的自信。我不但没有变坏，反而在文学中得到很多关于人生课题的解答。”

作为阅读推广人，我和米爸也非常推崇阅读兴趣的培养。阅读的好处太多了，今天我想重点说“阅读和自信”的关系。

德国有个古老的传统：送书给刚出生的孩子。在德国人看来，从阅读中汲取的养分是孩子独立人格形成的关键，因此亲子阅读从孩子刚出生时就要开始。的确，培养孩子的阅读习惯，是拓展孩子视野、提升孩子自信心最好的办法。

经常阅读的人，自己就能满足自己的诸多需求，即便独处也怡然自得。想象一下，如果一个人没办法独处，就会寄希望于他人，甚至讨好他人，于是很难发展自信。

举个例子。放假了，孩子一个人在家觉得无聊，打电话给几个好朋友，想邀请他们一起出去玩，但是他们无一例外都以各种理由拒绝了。孩子也许会非常沮丧，甚至会对这几段友情产生怀疑：是不是我不够好，所以他们才会拒绝跟我玩？

但是，如果孩子有“阅读”这个爱好，他的精神面貌会大不一样，即使独处他也不怕。从书中求安慰，操之在己；从人群中求安慰，操之在人。自己能掌控自己、安慰自己，自信油然而生，这是多大的力量！

受我们影响，米奇也酷爱阅读。2018年，他参加了上海市中学生作文竞赛，当时的竞赛题目是《我喜欢的一本书》。他当时刚读完《遇见灵熊》这本非常好的青少年读物，并且和我们深入讨论过它的价值。拿到题目后，他自信满满，洋洋洒洒写了一千多字，最后获得二等奖。

除了阅读，生活中任何让孩子感兴趣的爱好或技能，都可能成为他稳定内心的支点。人感觉到的自信，源于具体的行为。**家长应该引导孩子用脚踏实地的行动，获取实实在在的成功，以此来树立信心。**

我再举个例子。米奇从小有个特点，方向感很强。我们在此基础上特意帮他培养了一个技能。我们把这个技能叫作“找地铁”。这一切源于我们多次去日本游玩的经验。日本的交通相对比较发达。我们去日本旅游时，会充分体验到日本便捷的铁路交通。但是，如何合理地换乘，颇有讲究。从米奇8岁时第一次跟着我们去日本开始，之后每一次去日本，我和米爸就自动变成“路盲”，把如何换乘地铁的任务交给小米奇。

当然，一开始我们会手把手教他使用手机地图，教他用英语甚至简单的日语问路。几次下来，他信心大增，对日本几个大城市的各种交通换乘方式越来越熟悉。

在我们家，我们只有出远门才开车，其他短途出行都采取公交加地铁的方式。有时为了考验米奇对交通换乘方式的掌握程度，我们会故意说错换乘方式，看他是否能发现。当他发现并纠正了我们的错误，他会因此更自信。

从教育学的角度来说，通过了解儿童的兴趣爱好，发现他们所擅长的项目，我们便能找到好的教育方法。孩子充满正能量的亲身实践对孩子来讲价值连城，能实打实地增强他的自信。比起大人喋喋不休的说教，孩子的亲身经历带给孩子的触动更深刻。

教养工具3：

不跟“别人家的孩子”比，拯救孩子的自信

现在的年轻家长，几乎都是在“别人家孩子”的阴影下成长起来的。我们的父母特别喜欢拿自己的孩子跟别人家的孩子作比较。我们父母的这种心理在心理学上叫作“心理偏盲”。

在生活中，很多人都很容易因为这种心理过于关注（放大）自己的缺点，忽视别人的不完美，从而总觉得自己比不上别人。长期如此，我们势必将失去自信，变得自卑，甚至开始焦虑。

有时，这种比较，可能会让人计较一辈子。著名脑神经科学家洪兰在一次演讲中说，她妈妈一共生了6个女儿，其中大姐和小妹最不自信。实际上，洪兰的大姐年轻时很漂亮，是所在大学的校花。那么，洪兰的大姐为什么不够自信呢？原来这其中有一段渊源。洪兰的大姐小时候有一次陪妈妈去买菜，邻居看到她后称赞她长得漂亮。这时，妈妈却撩起女儿额前的头发，说：“哪里漂亮，比别人差远了，你

看，她这里有块疤。”那是大姐骑车摔倒后留下的疤痕。

从此以后，大姐的刘海都是披到右侧，以遮掩额头上的疤痕。到现在，大姐都60多岁了，额头的疤痕早已淡化，但她的刘海还是那样披着，40多年未曾改变。也就是说，那道“看不见的疤”一直躲在大姐心里的一个角落，提醒着她：你没有别人漂亮。

而洪兰的小妹，虽然已经年过五旬，在姐姐们面前却总是刻意打扮得花枝招展。这又是为什么呢？这其中也有一段故事。她们小时候，每逢过年，家里会有很多客人。每当客人称赞——“女儿们都很漂亮”时，妈妈总是“谦虚”地回答：“哪里哪里，越生越丑。”妈妈这句话让小妹耿耿于怀40余年。小妹总是忍不住拿自己和姐姐们作比较，生怕自己被比下去。

我的受访者希希妈也是一个从小长期生活在“比较”中的孩子。如今儿女双全的她，一直不自信，做什么事都觉得无法胜任。她妈妈从小总是拿她和她表妹作比较。由于她表妹成绩比她好，她妈妈曾经多次当着很多亲戚的面表示：“我只喜欢成绩好的孩子。”希希妈自小虽然非常努力地学习，但始终无法超过表妹，所以一直生活在“被比较的痛苦”中。

希希妈说，经过多年打拼，她在事业上有了不错的成绩，但她还是很害怕亲戚之间的聚会。尤其是在有表妹在的场合，希希妈会不自觉地紧张。

以上这么多例子都告诉我们，父母如果总是拿孩子比来比去，给孩子带来的影响将是灾难性的。**长期在“比来比去”的环境中长大的孩子，往往更容易怀疑自己的能力、夸大自己的无能，直至成为自信的绝缘体。**

有个正面的例子分享给大家。我的受访者华姐曾跟我诉苦说：“女儿现在正值青春期。和她从小一起长大的一个女孩越来越好看，经常收到男生的情书。原本挺自信的女儿因此越来越自卑。”华姐几次安慰，都收效甚微。

怎么办？听我说了辣妈Pink的故事后，她摩拳擦掌，也和先生一起做了个PPT。PPT的内容是女儿从小到大取得的所有进步，大到考取重点中学，小到救助流浪猫，并配上当时拍摄的照片。一个周末，她和先生当着女儿的面，郑重其事地在家里做了一个主题为“我的好女儿”的演讲。

最后他们总结道：“女儿，你不用和任何人比。外表美固然是好事，但是一个人真正的持久的美丽，来自其学识、修养和善良的心。而这些，你都拥有。”

你猜怎样？华姐当时就看到女儿的眼睛亮晶晶的，好像久违的自信又回来了。华姐听见女儿自信地说：“原来我还有那么多优点啊！我还挺喜欢自己的……”

还有一个现象必须引起广大父母的注意。

在当下这个互联网时代，人们之间可比较的范围突然扩大。原先，我们只是在同学之间、亲戚之间、邻里之间、同事之间作比较，但当地球因为互联网变成了一个“村落”时，人们之间的攀比突破了空间的局限。

在那些掌握巨大流量的社交App中，活跃着大量的“看上去很美”的小哥哥、小姐姐，我们不知道他们来自哪里，也不知道他们什么身份、什么职业，只知道他们是美丽、富有、生活事事如意的“人生赢家”。对于未谙世事的青少年来说，这样的比较太刺激，欺骗性太大，会给他们带来源源不断的沮丧、自我怀疑、羡慕、妒忌甚至心理扭曲。

我们要警惕的是，虽然孩子看到的只是图像或视频，但如果深陷其中，孩子将深受影响。当孩子自卑时，这些东西足以让他们崩溃。盲目的攀比会向孩子灌输一种错误的观念：人的价值只有在与他人相比时才能体现出来；人的成就只能来自超过别人，而不是超越自我。

请让我们的孩子与“比较”保持一定的距离。我们要让孩子明白，我们每一个人都是独一无二的存在；我们的自信力、价值感和成就感，都应该建立在自我肯定、自我实现上，而不是建立在与他人的比较中。想明白了这一点，我们的孩子才会拥有自信的力量，才能悠然地拥抱人生。

第2章

培养自控力，
让孩子从容应对生活、
学习和工作

启示录：

别让“时间杀手”毁掉孩子的自控力

2018年5月29日，我在我的公众号上发表了一篇文章，题目是《孩子问“为什么我不能玩抖音”，这位妈妈的回答霸气极了》。几天之内，这篇文章全网总阅读量达到100多万，后台留言近300条。之后，全国有100多家新媒体转载了我的这篇文章。全网阅读量迅速达到500多万。每家新媒体的读者留言数量均突破新高。很多人迫不及待地跟我分享他们读完这篇文章的感受。

人们为何如此关注这篇文章？我认为，我的这篇文章触碰到了人们内心的一个痛点：在各类“时间杀手”——短视频面前，我们该如何守护孩子的自控力？换句话讲，我们，尤其是广大父母，该如何提高自己的自控力，进而教会孩子开启自律的人生？

当时，我之所以写这篇文章，是源于一位读者的求助。这个读者上小学的儿子有一天突然问她："妈妈，全班同学都在玩这个App，我为什么不能玩？"她被问住了，她知道若是直接这样打发孩子——"没有为什么，就是不能玩"，肯定无济于事，所以她向我求助。

接到这个"任务"，我思考良久，最终决定和她的儿子来一次对话。

我问他："短视频好玩吗？"

他答："看上去很好玩。"

我说："我觉得不好玩。"

他问："为什么？"

我说："因为我见识过比这好玩100倍的东西啊。有句话是这样说的：你站在30楼往外看，你看到的都是美景；你站在3楼往外看，你看到的可能是满地的垃圾。孩子，我希望你也能往上走，看看上面的风景。"

他又问："可是，为什么我的同学、哥哥、姐姐……反正身边好多人都在玩？他们一玩就是几个小时，停不下来。"

我告诉他：“你把时间花在哪儿，你就会成为什么样的人。”

我继续说道：“你知道吗？有一本童书叫《毛毛》。这本书里讲道，有一群时间盗贼专门盗窃人的时间。那你想想，为什么人们的时间那么容易被偷走呢？因为很多人都在为一个问题烦恼：面对欲望，我为什么控制不住自己？

“比如，一个爸爸打游戏一不小心就多打了一小时、一个妈妈追剧一不小心追了两小时、一个娃娃刷短视频一不小心刷了三小时……在我们这么多‘一不小心’之中，时间盗贼喜滋滋地偷走了我们的时间。一旦醒悟，我们通常会长吁短叹，后悔不已，但下次仍会再犯。

“孩子啊，你知道吗？一个人能够控制自己，能克服无谓的欲望带来的诱惑，才能赢得真正属于自己的时间，从而活出自己的精彩。

“4年前的一天，我带领一个小记者团，参加相关媒体主办的一次大型会议。这些孩子都是从各个学校选拔出来的，综合素质较好。在会议间隙，我看到一个初中男孩正在低头看手机。我有点儿疑惑，也有些失望，心里嘀咕‘太不像话了，居然在玩手机’。我悄悄走过去，想提醒他一下。我来到他身后时，立即为自己刚才的念头羞愧不已。那个男孩正利用休息时间，把手机上的数学题目放大，一行一行地在看分解步骤。

“孩子，你看，有些人用手机刷着短视频，笑哈哈地让时间溜走；而有些人却将手机当作学习利器，有效地利用了碎片时间。”

我们要让孩子明白，我们要做时间的主人，而不是奴隶。我们要让我们的时间长出玫瑰，而不是枯枝。你也许会问，怎样才能做时间的主人？来，把手伸过来，我给你一样宝贝：自控力。是的，自控力会帮助我们堂堂正正地做时间的主人，正确利用时间，去看更大的世界。

良好的自控力是一种非凡的美德，是我们一生的财富。良好的自控力不但能让我们拒绝做不好的事，还能够让我们坚持做好的事。凡是事业有所建树者，无不拥有这种美德。

教养工具1：
不做“秒表家长”，提升孩子的专注力

心理学上的相关研究表明：自控力是决定一个人成败的

重要因素，其重要性甚至超过了智商和情商。专注力是自控力最重要的表现。

在学校里，一到自习课，很多同学上蹿下跳、吵吵闹闹，但班里的学霸在这种环境下仍能淡定地学习。这是因为学霸有超强的专注力，轻易不会被别人打扰。

意大利幼儿教育家蒙台梭利曾说，除非你被孩子邀请，否则永远不要去打扰孩子。很多家长可能没有意识到，很多时候，孩子的专注力往往是被我们亲手破坏的。

有很多家长，自诩看过不少育儿书，对孩子的教育自有一套。我们姑且称他们为“秒表家长”。为什么称他们为“秒表家长”呢？因为他们的育儿模式是非常特殊的。比如，一个“秒表妈妈”于休息日很辛苦地带4岁的儿子到公园玩耍。他们去的第一站，是沙坑。孩子玩得不亦乐乎，眼看一个小水池就要挖好了。这个“秒表妈妈”一看时间，到了她认为的“时间节点”，于是便对孩子说：“走！儿子，我们该去搭积木了！”于是，孩子不情愿地离开沙坑，被妈妈带到搭积木的地方。孩子玩了一会儿，一个小城堡还没搭好，“秒表妈妈”又拎着孩子到了下一个地方……

如果你也是这样的“秒表家长”，等你的孩子上了小学后，若他注意力不集中，很难静下心来学习，相比其他孩子专注力很不好，你就要好好反思一下自己的行为。

在孩子做事情的时候，家长不断打断他，比如让他喝水、吃水果、纠正他所谓的错误等。在脑科学实验中，这被称为“刺激泛滥”。孩子若长期在这种“打扰模式”中成长，从未享受过“专注地做成一件事”的成就感，其专注力的发展便无从谈起。

脑科学家做过这样一个实验，在老鼠的成长环境里经常施以90分贝的噪声，结果发现老鼠的大脑神经连接发生了异常，神经细胞轴突外面的髓鞘膜也出现了包裹不完整的情况。相应地，老鼠表现出类似多动症儿童身上常见的注意力不集中的现象。

有相关研究证明，自控力差、注意力分散的人更容易向诱惑屈服。比如，你正在某App购物，如果老是心不在焉，就容易受到各种促销活动的诱惑而买下很多不该买的东西。因为注意力缺失，冲动会主导你的选择。

为什么现在专注力好的孩子越来越少？在现在这个信息爆炸的互联网时代，不仅家长会不断打扰孩子，移动互联网也会打扰孩子。

当下的很多孩子都是玩着手机和iPad长大的，他们对一般的刺激已经有了“免疫力”。唯有吸引力特别的刺激，才能获取他们的注意。所以，当他们来到校园，走进对他们来讲刺激相对一般的教学课堂，他们的专注力必然不会很好。

基于此，我建议各位家长至少要做好以下两件事：

第一，当孩子在玩耍或者学习的时候，尽量不要去打扰他。等孩子能常常享受到“专心地做成一件事”的快乐后，他的专注能力自然而然地会越来越好。

第二，控制孩子使用电子设备的时间，尤其要让孩子远离短视频App和互联网游戏。否则的话，互联网带来的不良刺激对孩子专注力的形成将是巨大的伤害。有一位读者跟我分享：“下载了一个短视频App之后，当天晚上就玩到凌晨1点，后悔不已。”另一位读者说：“我之前所有的碎片时间都用来玩短视频App，后来发现孩子比我还上瘾！太后悔了，已经删了。”是的，千万不要高估你和孩子的自制力。大多数人都很难抵御商业时代的电子诱惑，所以要尽量从源头上控制。家长也要做好榜样。

作家刘墉曾说，如果你能尽早了解自控力的意义，在今后的道路上你必然会收获更多的幸福。你要坚信，只要用对方法，尽力排除干扰和刺激，我们的孩子完全可以提高专注做事的能力；在这个过程中，孩子的自控力也会逐步形成。

教养工具2：
用“目标切分法”，让孩子告别拖延

我们虽然只有一个大脑，但我们却会有不同的想法。比如，很多时候我们的脑子里好像有两个自我，一个任意妄为，想要及时行乐；另一个则能克服冲动，做到深谋远虑。我们总是在这两者之间摇摆不定。那个想要及时行乐的自我经常能占上风。

这就牵涉培养自控力的另一个关键：意志力的培养。斯坦福大学研究自控力培养的教授凯利·麦格尼格尔说，首先你要知道，意志力薄弱不是你一个人的弱点，而是一种普遍的人类经验，是人之常情。我在前文也提到过，自控力不但能让我们拒绝做某事（比如不去看短视频），还能够让我们坚持做某事（比如坚持去健身房）。其实，这都是意志力在起作用。

在生活富足的今天，要锻炼孩子的意志力很有难度。我们不妨向著名作家村上春树学习——自己创造机会，磨炼意志。村上春树年轻时受过良好教育，生活稳定，33岁开始做职业小说家时，每天除了坚持写作4小时，还坚持长跑。很多人称赞他意志坚强，他却说，跑步是他的兴趣，“做喜欢的事情才可以坚持”，意志力自然会逐步形成。

我受村上春树的言行的启发，从2014年6月8日这天起，向我的意志力发起挑战——开始了为期一年的“平板支撑之旅”。

我想，十个女人，九个都有减肥的心，但很多人都曾轰轰烈烈地开始，却稀里糊涂地结束。下面我将结合我的实际经历，分享我自创的“目标切分法”。这个方法，经过测试，颇有效果。

想要减重10斤，万不可操之过急。“逐步的改善好过雄心勃勃的失败”，这是一句来自西方的俗语，我觉得很有道理。

我的“目标切分法”是怎样的呢？下面听我详细介绍。

第一步：明确目标。做了妈妈之后，我增重10斤，我一直想恢复生娃前的体重。所以，我先明确了一个目标：一年内减重10斤。虽然我知道仅靠平板支撑，未必能达到这个目标，但这并不妨碍我设立一个清晰的目标。很多人想坚持一件事，但还没怎么开始就结束了，主要是因为目标不清晰。有了目标，我们做事才有动力。

第二步：分解目标。我以一年为期限，初步把这项锻炼分为4个阶段。这是关键。很多人想坚持做一件事，最后做着做着就失败了，主要原因是把目标定得太大、太笼统，最后自己把自己吓住了，只能打退堂鼓。切记：目标要小！小！小！

村上春树在1996年6月报名参加了日本超级马拉松大赛。这个比赛全程100公里，第55公里到第75公里的路非常难跑。村上春树采取了“分解目标”的方法——不看远方，只把注意力放在眼前3米远处，然后专心地向最近的“3米”发起挑战。靠着这个方法，他成功甩掉了200多人，用11小时42分顺利抵达终点。我的“目标切分法”和村上春树的方法不谋而合。

当时，我是这样分解我的锻炼目标的。

第一阶段：适应期。第1个月，每天锻炼1次，每次锻炼30秒～1分钟。

第二阶段：上升期。第2个月开始，每天锻炼2次，每次锻炼1～2分钟，维持2个月。

第三阶段：加强期。第4个月开始，每天锻炼3次，每次锻炼2～3分钟，维持2个月。

第四阶段：保持期。第 6 个月开始，每天锻炼3次，每次锻炼3分钟，维持7个月。

第三步：实施目标。在实施的过程中，由于开始时定的目标非常小，我每天都能轻松完成。因为怕自己放弃，我还特地每天在朋友圈打卡，号召朋友们监督我。这里，我有个重要提醒——在实施的过程中，不要对自己太苛刻。我们都是普通人，每天的状态有好有坏，只要大致按照计划说得过去，就是胜利。毕竟，完成比完美更重要。如果对自己太苛刻，你很有可能会放弃。

最终，我按照这个“目标切分法”，坚持锻炼整整1年（即使在外旅行也没有耽误），加上合理控制饮食，如期完成成功减重10斤的目标。

很多家长都说自家孩子意志力薄弱，很难坚持做一件事，或者做事情爱拖延，那不妨试试我这个“目标切分法”。

米奇在上小学低年级的时候，我们经常做一个游戏，就是把作业或练习（目标）切分为很多小任务，并会做一张任务表；米奇每完成一个小任务，就在相应位置贴一个五角星。在每个任务之间，我会让他适当休息，比如喝口水、聊聊天，但不会让他做搭积木、画画等需要投入大量时间及精力的活动，否则他短时间内无法再把注意力转回到学习上来。

孩子越小，注意力越容易分散。若能教会孩子把各种目标切分成很多小任务，他会发现每个小任务都很容易掌控，从而逐步学会“有节奏地做事”。时间长了，孩子身上拖拖拉拉的情况会越来越少。不知不觉中，孩子的意志力和专注力就会越来越强。

我有个师兄，也从事媒体行业。我刚入行时，他送我一句话：“每天坚持阅读10分钟，你会收获很大。”他自己就是每天睡前都会阅读的人，从大学毕业到现在，坚持了十几年。当时，我将信将疑，10分钟能读多少字，时间是不是太短了？

后来，通过实践，我才发现师兄的高明之处。10分钟虽然很短，但如果我们每天能坚持阅读10分钟，一年下来，我们会收获很多。每天阅读10分钟，这是个小目标，比起每天阅读一小时容易多了。然而，当我们养成每天阅读10分钟的习惯，我们每天阅读的时间就会不知不觉超过10分钟。不信，你试试？

我希望家长朋友们能带领孩子尝试一下这样的“目标切分法”。目标越小，越容易执行；目标越大，越容易拖延。完成小目标，孩子会收获满满的成就感，会慢慢形成一种思维习惯：再大的任务，都能切分为很多小任务，完成起来就不会很难。而这种思维习惯必然会塑造孩子的行为习惯。长此以往，孩子对时间、任务的掌控能力就会提升，做事情就不会轻言放弃，其意志力在不知不觉中也就建立起来了。

教养工具3：
减少“他律”，把选择权还给孩子

很多读者跟我交流，说养娃过程中最烦恼的事情之一就是“孩子太磨蹭”。有时候，家长越催，孩子反倒越磨蹭。

其实，你想过吗？孩子之所以磨蹭，有一大半原因是因为你的催促。你的催促，于孩子来讲，属于“他律”的范畴。诚然，自律的起点是他律。然而，在给孩子立规矩的时候，只需适当的他律，我们不能一味地依赖“他律”来育儿。否则的话，孩子长大离开父母后（比如上大学），没有了父母的“他律”（催促或提醒），又没有很好的自控力，就很容易放纵自己。

那些在大学里逃课的、通宵在外边玩耍的、躲在宿舍里玩游戏不能自拔的学生，甚至工作之后有拖延症或爱放纵自己的成人，追根溯源，往往是因为他们在家庭教育中得到的“他律”远大于“自律”。

还有一些孩子，在父母面前一个样，在其他临时养育者面前是另一个样。这也是“他律”过多导致的结果——只要脱离了父母的约束，他们便会报复性地放纵自己。

那么，如何减少他律，发展孩子的自律，从而培养孩子的自控力呢？核心法则就是把选择权交给孩子，同时告诉他或让他自己总结底线在哪里。

像很多孩子一样，米奇小时候上学也很磨蹭，每天出门前都拖拖拉拉的，大人无论怎么催促都无济于事。于是我下定决心，从他二年级开始，把选择权交给他——让他自己决定何时出门。

第一次施行这个方案的那个清晨，我和米爸事先商量好，没有任何催促，只是在用早餐时把一个小闹钟放在餐桌上——正对着米奇。世界很清静，我们悠然地吃了一顿早饭。很快，米奇好像嗅到了不寻常的气息，但还是拖拖拉拉。这天早晨，他终于“如愿以偿”地迟到了。其实，我也希望他这次能迟到。也许只有这样，他才会意识到，“迟到的原因在我，我得承担之后的所有后果”。

此后好几天，我都拼命忍住想要提醒他赶紧出门的冲动，若无其事地和他一起吃早饭，然后和米爸一起井然有序地做家务。终于，经过几天的迟到，他在学校体会到了来自同学的轻视、老师的愤怒，开始意识到问题的严重性。很快，自律的阳光照进了米奇的生活，他赖床的时间越来越短，吃早餐时会不时瞥一眼餐桌上的闹钟，并会下意识加快速度。哇哦！终于从某一天开始，他再也没有迟到过，有时反而会埋怨我们动作慢，影响他出门了。

蒙台梭利说，没有体验过自由的孩子，不可能知道什么是自律；一个有自由的孩子，才可能成为一个自觉的孩子。我想接着补充一句，一个自觉的孩子，必然是个自控力强的孩子。

遗憾的是，在生活中，很多父母并没有给孩子体验自由管理自己的机会。长此以往，孩子形成思维定式，觉得“爸妈管我”是一种常态。家长一旦“不管”，孩子容易放纵；家长管得“太紧”，孩子又容易逆反。

回顾米奇的成长经历，我发现，千万不要小看孩子的适应性。家长必须意识到“他律”过多所带来的危害，要勇敢地把选择权交给孩子，并在这个过程中安放好自己那颗焦虑的心，只是从旁默默观察孩子或适当提醒孩子底线在哪里。有时，孩子会自己总结出底线在哪里。开始时，他或许会栽几个跟头，但请你耐心等待，转机一定会来临。

这种看似“放任”的教养方式，是为了让孩子亲身体验“自由”之后要承担的后果、责任，进而让他自己总结管理自己的方法。基于这样的“自由”而获得的自控能力，更持久、更稳定。

第3章

孩子有“韧性”，未来才能更抗压

启示录：

97岁诺贝尔奖获得者“足够好爷爷”的魔性笑声

每每谈到耐挫力，我便会想到一位可爱的老爷爷。这个老爷爷的名字很有趣——Goodenough，我叫他“足够好爷爷”。

2019年10月9日，瑞典皇家科学院宣布将2019年诺贝尔化学奖授予97岁高龄的约翰·B.古迪纳夫。古迪纳夫是诺贝尔奖有史以来年龄最大的获奖者。在接受《纽约时报》采访时，他这样说道：“我们中有些人就像是乌龟，走得慢，一路都在挣扎，但这些‘乌龟’必须继续爬下去。”

是的，“一路都在挣扎”，这足以概括“足够好爷爷”充满坎坷但永不服输的人生。细读他的故事，你会发现，在他近百年的人生中，他遭遇的每一个挫折搁在任何一个普通人身上都是致命的。我们来看看这个“足够好爷爷”都经历了些什么。

第一个挫折，他的父母关系非常不和睦。“足够好爷爷”小时候，他的父母关系很不好，动不动就争吵甚至大打出手，他经常成为父母的出气筒。

第二个挫折，他有阅读障碍。对于文科类知识，他说自己“简直头都要爆炸了”，学习起来非常吃力，从小受尽各种嘲笑。

第三个挫折，他的父亲很早就断绝了对他的经济支持。“足够好爷爷”年轻时去耶鲁大学读书的时候，只从家里拿了35美元，而耶鲁大学当时的学费至少为每年900美元。他从那以后再也没向家里要过一分钱，靠着半工半读养活了自己。

第四个挫折，他曾前途迷茫。1943年，他从耶鲁大学数学系毕业，被分配到太平洋岛，当了一个气象兵。“二战”结束后，他正准备安心当个气象学家，却又被安排到芝加哥大学进修物理。他刚进芝加哥大学，一位教授就对他说：“这么大年纪来学物理，肯定一事无成。”

第五个挫折，54岁失业。他在芝加哥大学获得物理学博士学位后，去了麻省理工学院的林肯实验室工作，在那里做了20多年材料物理研究。后来，由于预算被砍，54岁时，他失业了，被迫重新找工作。

第六个挫折，重大研究成果得不到重视。他在牛津大学提出钴酸锂可用作锂电池正极材料。这是重大发现，但他的发现并没有得到英国人的重视。

第七个挫折，妻子晚年得了老年痴呆症。他和妻子感情非常好，眼睁睁看着爱人失去美好的回忆，他在痛苦中毅然前行，坚持每天陪在妻子身边。

第八个挫折，高龄时发生骨折。他在96岁时摔了一跤，摔断了一根骨头。但是，手术后只过了两周，他居然又回到办公室神采奕奕地工作起来。

以上就是“足够好爷爷”跌宕起伏的一生。来，我们一起深呼吸一下，然后问问自己：如果我们遇到上面那么多挫折，我们会活成什么样子？

经过进一步了解，我终于发现了老爷子越挫越勇的奥秘，他拥有一种充满魔性的笑声。他的笑声十分爽朗。据说，在他实验室外的整条走廊上，人们随时都能听到他爽朗的笑声。

比如，当谈到他的研究经受了很多困难时——这种局面甚至曾经持续20年之久，他没有像一般人那样紧皱眉头，或者对着镜头“卖惨”，他只是这样说：“哈哈哈哈……并不是动一动手指，就能让一切都运转起来的。”被问到年龄这么大了为什么还要工作时，他回答道：“我只有九十几岁，我还有的是时间。我可以一周工作5天，哈哈哈哈……”当得知自己获得诺贝尔奖时，他对着镜头调皮地说：“我很开心我能活这么久。生活真是处处有惊喜啊，哈哈哈哈……”

莎士比亚说，欢乐由逆境产生。一遇到挫折就愁眉苦脸、一蹶不振的人，无法在逆境中生存，纵使有高智商，也很难收获成功的人生。

我们都渴望拥有超强的耐挫力。越来越多的家长也逐渐意识到培养孩子耐挫能力的重要性。挫折是孩子成长过程中必须面对的课题。作为父母，我们要趁早教会孩子如何面对挫折。

有较强耐挫力的孩子，通常具有积极心态和积极思维，并且会将其运用到生活实际中，比如乐于接受挑战、不怕困难等。这样的孩子更容易收获顽强的精神品质，将比常人拥有更多迎接成功的机遇。

教养工具1：
允许孩子犯错，教会孩子归因

不知从何时起，家长们越来越焦虑。很多家长都有这样的心理：不允许孩子犯错。对有些家长来讲，孩子犯错仿佛是天底下最不能容忍的事情。

可是，犯错对任何人来讲都不可避免。哪有人天生就会走路，天生就会游泳……所有人的成长都是从不断的试错开始的。

家长如果过于强调孩子的错误，甚至对孩子犯错持“零容忍”的态度，必将带来灾难性的后果。你越抑制、越打压，孩子日后遇到困难或打击时越有可能选择退缩和逃避。你对孩子所犯的错误越是耿耿于怀，越会削弱他面对困难时的勇气。

举个例子。小红和小蓝都不会游泳，但她们都喜欢去水上乐园玩耍。一天，她们俩不小心掉进了池子里。救生员把她们救上了岸。她们俩都呛了水，哇哇大哭。小红的妈妈走过来，劈头盖脸地责备："叫你不要来，你非要来。看吧，掉进去了吧！我看你以后还敢不敢来玩！"听到妈妈这句话，小红哭得更伤心了，从此再也不敢下水了，一直也没学会游泳。

而小蓝的妈妈是这样说的："哎呀，我的女儿真厉害，敢在池子里玩水啦。真棒！我猜你很快就能学会游泳了！"小蓝揉揉眼睛，停止了哭泣。之后，她果然很顺利地学会了游泳。

从长远看，小红容易长成遇到困难就退缩的人，而小蓝容易长成遇到困难能积极应对、敢想敢闯的人。你说，哪个孩子耐挫力更强？

所以，家长要学会容忍孩子犯错。这是勇气，也是智慧。我和米爸有时会故意在米奇面前犯错或出洋相。时间长了，孩子就会理解，我们的一生是为了追求少犯错，但是犯错很正常，没什么大不了的。慢慢地，你会发现，孩子犯错的时候反而少了。

哈佛大学心理学家埃伦·兰格曾做过一项实验，专门研究人们对犯错的态度。实验将参与者随机分成三组，让他们分别做演讲。A组参与者被告知“犯错是不好的”；B组参与者被告知“犯错是难免的”；C组参与者被告知“请在演讲中犯一个错误，而且还可以犯更多意外的错误”。

结果，C组参与者在演讲过程中感觉最舒服，最不焦虑，并且得到了观众最高的评分。这是我非常喜欢的一个实验。从这个实验中，我学到了这样一个道理，当我们不怕犯错时，我们反而更能不畏艰难地去完成一件事情。

容忍孩子犯错的最大好处，是容易使孩子成为一个心理更有弹性的人。所谓心理有弹性，就是面对挫折时更懂得变通。这样的孩子在成年后比别人更容易获取成功和幸福。为什么面对同样一个挫折，有人觉得是毛毛雨，有人却觉得是狂风暴雨？这就是心理弹性不一样的结果。

能容忍自己犯错的人，心理弹性更好，不怕犯错，反而更不易犯错。不能容忍自己的错误的人，将来面对困难时，不会变通，悲观、逃避在所难免。

除了要容忍孩子犯错，我们还要教孩子学会用“归因法”总结经验教训，下不为例。这样才能更有效地培养其耐挫力。

普通人犯错后的行为路径：先是沮丧，然后责备自己，下次继续犯错。

耐挫力强的人犯错后的行为路径：先是沮丧，然后责备自己，接着思考并总结失败的原因、积极改善自己、制订新计划，继而获得最后的成功。

我们还要教孩子避免消极归因，比如犯错后过于自责。适当的批评和自责无可厚非，但是过度的自责会让孩子沉浸其中而一蹶不振。当然，如果把错误全部归因于他人或环境，也是不可取的。

正确的方式是，主动为错误负责，同时积极归因，从错误当中学到新的东西，并相信自己能够改善当前的局面。

教养工具2：

不要把挫折“扩大化”，要就事论事

小学一年级时，米奇遇到过一个挫折。当时，按照教学大纲，小学一年级要学习拼音，所以我们没有提前教米奇学习拼音。后来我们才发现，大多数孩子上学之前都系统地学习了拼音。因此，老师在教学上就没有花费太多时间和精力，所以米奇学得有点儿吃力。

一天夜里，我听见米奇在房间里哭，就赶紧跑过去。我看见他哭得稀里哗啦，脸上、被子上都是眼泪。我赶紧抱住他，柔声安慰。我原以为他做了噩梦，经一番询问才得知，白天在课堂上语文老师指着几个拼音不过关的孩子（包括米奇）说：“你们几个，拼音这么差，语文成绩永远别想提高了！”孩子想到这句话，一时哭了出来。

我们立即采取行动。接下来的一周，我和米爸都成了他的学友，一起和他学习拼音。米奇很快掌握了学习拼音的要领，之后语文成绩一直都保持得不错。

大家发现没有？这位语文老师犯了一个教育上的重大错误，就是把孩子学习上暂时遇到的挫折，扩大成了孩子的负面标签。这对孩子而言，杀伤力非常大。对于小学阶段的孩子而言，老师就是他们眼里的神。幸好我们及时补位，给予了米奇强有力的支持。米奇很快便从挫折中走了出来。那一次，我们的所作所为是让米奇明白，没有学不会拼音的学生！他之所以不会，是因为没有提前学。

要培养孩子的耐挫力，必须注意：不要把孩子面临的挫折、错误、失败扩大化。我们得让孩子知道，任何挫折都是暂时的，而不是永远的。否则的话，容易加深孩子的绝望和无助。长此以往，孩子容易滋生自暴自弃的念头，耐挫力根本无从谈起。

把挫折扩大化的习惯，很多人都有。比如，某学科一两次没考好，有些学生就会绝望地认为，这一学科我永远都学不好了，我就是个笨蛋，进而怀疑自己的学习能力。这种情况下，我们要让孩子知道，他只是某次考试出了问题而已。这就把孩子的挫折感控制在了特定的范围之内，而不是无限放大。

再举个例子。你的领导同时交给你和你的同事小张各一个任务。你尽力完成，但是并没有得到领导的认可。后来，你得知任务完成得比较出色的小张升了职。这时，你的内心会怎么想？“看到了吧，我就是个没用的家伙！我的人生完了！”你会这样想吗？

如果一个人总因为“某件事没做好”就完全否定自己，那么他的人生终将一塌糊涂。

但是，如果我们能这样想：“这次我没做好，可能是什么环节出了问题。我要仔细研究一下，争取下次避免类似的问题。”我们将越来越优秀。这就是耐挫力强的表现，因为我们把挫折感控制在特定的事件上，而没有延伸到其他方面。这个世界上没有永远的失败，只有暂时的不成功。

教养工具3：引导孩子确立清晰的目标，不养“丧小孩”

有个词现在特别流行，尤其常被许多年轻人提起。这个词就是“丧”。“丧”的具体表现不外乎：学习没兴趣，工作没动力，喜欢宅在家，更不知道自己想要什么，挫折感强，耐挫力差。“丧”最根本的原因是缺乏目标。没有清晰的人生目标，人的潜能和动力将无法被激发，“丧”也就在所难免了。

如果你不希望自己的孩子将来活成“丧小孩”，就应该尽早教会孩子做事情时事先确定清晰的目标，并且尽可能地预估接下来可能面临的困难。

我曾经读过一本畅销全球的书——《活出生命的意义》，很是喜欢，几年之内反复读了好多遍。这本书的作者是医生、心理学家维克多·弗兰克尔。维克多被誉为“20世纪的一个奇迹”。在“二战”时期，作为犹太人，他全家都被关进了奥斯维辛集中营。之后，他的父母、妻子、哥哥全都死于毒气室。最后，他和妹妹逃过一劫。

尼采说：“知道为什么而活的人，便能生存。”维克多就是这样的人。在炼狱般的纳粹集中营，他怀着强烈的生存念头，盼望有朝一日与爱妻重逢，梦想战后到各地举办心理讲座，渴望把自己的意义疗法推广到世界各个角落。在这些目标的强烈指引下，他发展出特有的耐挫力（乐观、善于自省、决不放弃生命等），最终战胜了常人不可想象的苦难，奇迹般地生存下来。

可见，目标之于生命的意义不可低估。那么，我们如何帮助孩子设立清晰、具体的目标呢？

第一步，认识自我。我们不妨多引导孩子思考：“我”是谁？“我”对什么事情特别感兴趣？“我”最近特别想做什么事？

第二步，预估困难。我们要多引导孩子思考：“我”的目标是否能实现？“我”会遇到什么困难？“我”打算怎么解决这些困难？通过对这些问题的梳理，孩子将会避免设立不切实际的目标，也会对未知的困难有一个心理预期。

第三步，强调拼搏。我们要引导孩子思考：为了达到这个目标，“我”光努力还不够，还要学会拼搏，尤其在遇到挫折时，咬牙也要拼下去。

一旦孩子树立了坚定的目标，并预估了各种困难，以后即便遇到挫折，也容易采取积极的态度去战胜挫折。相反，如果目标不清晰，或者对困难没有预估，孩子遭遇挫折时就很容易茫然、消极，以致加重受挫时的痛苦，从而削弱前进道路上的快乐和满足感。

最后，我想和大家分享一个我十分钟爱的小故事。这个小故事来自畅销书《逆商》。演说顾问兼歌唱家沙莫夫，本来是一名歌唱家，但有一天被医生告知——她的声带出了问题。接下来，沙莫夫面临两个选择，要么终止歌唱事业，要么做一个手术——声带可能会痊愈，但代价是手术后四个半月内不能说话，直到声带痊愈。

怀着强烈的目标——“我要继续唱歌”，沙莫夫勇敢地选择了后者。手术后的日子，她严格按照医生的叮嘱在家养病。8周之后，她的声带完全恢复了，最终她成为纽约市歌剧院的首席女高音。

更神奇的是，沙莫夫还不经意间打开了人生的另外一扇门——成为世界知名的演说顾问。她不希望自己的悲剧降临在其他人身上，于是在失去声音的那段时间，她学习了许多和声音相关的知识，比如如何改正说话的方式，如何降低音量，如何改变共鸣，等等。逆境和挫折不仅没有打败沙莫夫，还让她收获了第二事业。

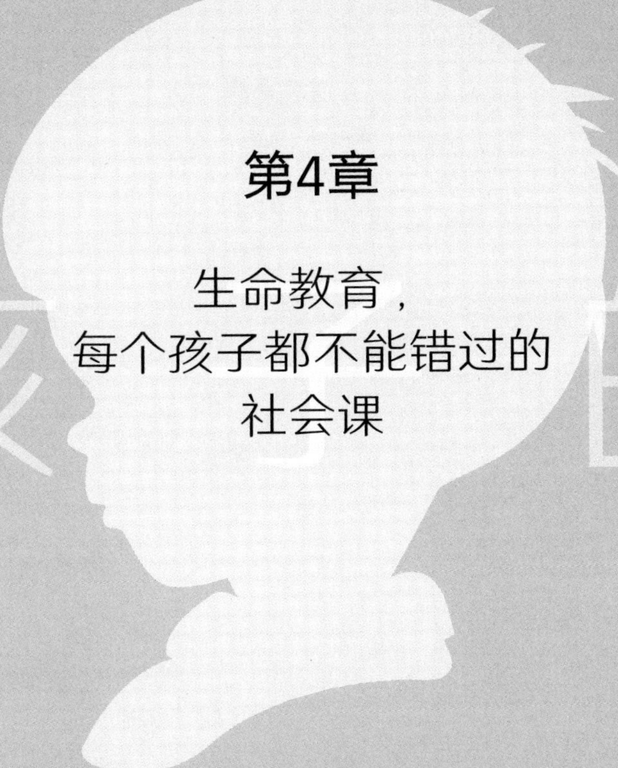

第4章

生命教育，每个孩子都不能错过的社会课

启示录：
令人心痛的少年自杀事件

我的一个小学员的妈妈——我叫她团子妈妈，前阵子找我聊天，和我讲了一件十分令人悲伤的事——和死亡有关。虽然，我在做社会新闻记者时，曾经多次采写与死亡相关的事件，但是听了她说的事情，我心情还是十分复杂。我觉得非常有必要跟更多家长分享一下。

团子妈妈是一名中学老师。去年暑假，她同事丽姐的儿子考取了一所重点高中。丽姐非常高兴，请同事们狠狠撮了一顿。儿子成了别人眼中的榜样，丽姐自然很骄傲、很欣慰。大家在聚会上不断向丽姐讨教教养经验。大家自然意识不到，一场毁灭性的灾难即将来临。

去年9月中旬，团子妈妈和同事们惊愕地得知，丽姐的儿子跳楼自杀了。他们简直不敢相信，8月份大家还在庆祝他考上了重点高中，这才过去不到一个月，这么优秀的孩子怎么就没了？！之后，他们通过各种途径，慢慢拼凑出整件事情的来龙去脉。

丽姐的儿子在学习上一向很让人省心，但进入高中后，他和一个女同学谈起了恋爱，还痴迷手机游戏。丽姐知道后，十分震怒，对儿子“两罪并罚”——禁止早恋、没收手机。这两个惩罚触怒了孩子。在和父母理论无效后，孩子愤然离家，随后悲剧就发生了。

更令人揪心的细节是，孩子跳下来后还活着，还有求生欲望，请求围观的路人打120。当救护车疾驶而来时，孩子已经没有了气息，从此和亲人天人两隔。我们都相信，孩子在最后一刻，应该非常后悔自己放弃了自己的生命，然而，为时已晚。

这是一个让我十分震惊的事件。当团子妈妈在述说时，我的脑海里仿佛看到少年渴望活下去的眼神，随着时间的推移，逐渐没有了亮光……刹那间，我的心揪在了一起。你也许会指责家长的做法过于简单粗暴，你也许会为孩子感到可惜！孩子为何如此轻视生命？以此为契机，我想谈谈当下的家庭教育中严重缺失的生命教育。

我们经常能看到孩子自杀的新闻。很多生命之花来不及绽放，就凋谢了。真是让人心痛！

除了个体自杀外，有的孩子还相约一起自杀。也就是说，一些有自杀倾向的青少年以各种形式相约一起结束自己的生命。

生命教育，刻不容缓！如何在孩子生命初始阶段，做好生命教育，让每个孩子都成为“我自己”，都能最终实现“我之为我”的生命价值，为社会做出应有的贡献，这是每个家庭最重要的教养课题。

教养工具1：
让孩子多体验生命之珍贵

任何教育的终极目的都是敬畏生命。缺乏生命教育的家庭教育肯定是不完整的。如何在家里为孩子上好“生命教育”这门课呢？

2008年5月12日，我国四川汶川发生大地震。国家相关部门公布最终伤亡数据的那晚，我和米爸打印了很多相关新闻的图片，然后贴在墙上。我还特地写了一首小诗。我在餐桌上点亮许多蜡烛，把大灯关掉，只开一盏小灯，然后在舒缓的背景音乐中，声情并茂地朗诵了我写的小诗。最后，我们集体默哀1分钟。3岁的米奇虽然还懵懵懂懂，但也被现场凝重的气氛所感染，认真地默哀。

2010年11月15日，上海余姚路胶州路一栋高层公寓起火，导致58人遇难，另有70余人受伤。事后，我们带着米奇，拿着鲜花来到发生火灾的大楼前默哀。5岁的米奇学着大人的样子，恭恭敬敬地将鲜花摆放在地上，然后静静地默哀。

2020年伊始，新型冠状病毒感染的肺炎疫情暴发，很多人恐慌、焦虑。我以此为契机给米奇上了一堂关于生命的课。我和米爸各自做了一次关于新冠肺炎疫情的演讲。我们不但从科学的角度向他普及了新冠病毒，而且从生命教育的角度向他着重强调了敬畏大自然以及日常个人卫生防护的重要性。

我们家有个传统，只要得到有人去世的消息，无论认识不认识，我们都会和孩子一起把右手放在心脏位置，为死者默哀。我会告诉孩子：“我们都有一颗滚烫的心，但是死去的人没有了。每个生命都很珍贵，都值得敬畏。能活着，真好。”有一次，我们到乡下玩耍时，米奇看到路上有一只死去的麻雀，便站立一旁静静默哀。路人看了都觉得莫名其妙。

我觉得，生命教育是家庭教育重要的组成部分，它将向孩子传递生命的意义，唤醒孩子的生命意识，从而激发孩子对生命的热爱。只要我们用点儿心，这件事做起来不难。家长与其说太多的大道理，不如利用身边的大小事件，真正让孩子体验生命的珍贵。孩子若能尊重身边的生命，自然能尊重自己的生命。

另外，我们还可以鼓励孩子多做好事、多做有意义的事，以便让孩子从这些可贵的体验中获取力量。

积极心理学之父马丁·塞利格曼曾经让他的学生做过一个心理作业：做好事是否比找乐子（感官愉悦）更让人有幸福感。

这个作业竟然改变了很多学生对生命的态度。是的，做可一时让感官愉悦的事（比如打游戏、吃巧克力等）给人带来的感觉与做好事给人带来的感觉相比，简直不值一提。当我们能很自然地去帮助别人，我们的每一天都会过得很幸福，我们的生命由此将更有意义。

无独有偶，我的忘年交——知名心理学教授秦启庚老师，对此也深有感受。他曾向我提起他外孙之所以很爱弹钢琴，是因为他曾悄悄地跟外孙咬耳朵：“报纸上说，钢琴声能让老年人血压平稳。你帮外公一个忙，你多在外公面前弹弹琴，外公的高血压肯定会有所改善。”

这句话非常有效果。孩子突然发现了弹琴的意义——可以让敬爱的外公的身体保持健康，所以他弹得很勤快，也收获了很多快乐。

生命无小事。如果我们从孩子出生起就能借助各种机会对孩子进行生命教育，那么他们对生命一定会有强烈的敬畏心，是绝不可能轻易伤害自己或他人的。

教养工具2：

加强生存能力教育，增强孩子的现实感

我所理解的生命教育，还有一个非常重要的内容不容忽

视：生存能力的教育。生存能力的教育在当今这样的时代，有更深刻、更迫切的意义。

有一次，一个朋友跟我说，有一天她带读初二的女儿去菜市场买菜，她女儿指着青色的活虾问摊主："咦？你卖的虾为什么跟我家的不一样？我家的虾是红色的！"摊主听了哈哈大笑。女儿迷惑不已。朋友是当笑话将这件事说给我听的，我却笑不出来。

还有个案例更为深刻。一个女大学生被一个歹徒强奸了。在歹徒要离开时，女生对歹徒说："我记住你的相貌了，我要报警。"我猜想，女生应该是受过这方面的教育，知道"遇到歹徒，应该仔细辨认其样貌，然后报警"。但是，歹徒一听到这句话，立即残忍地把这个女生杀害了。这是歹徒被捕后交代的细节。多么让人揪心！我亲爱的孩子啊，在这种紧要关头，保住自己的性命是第一位的啊！

我们想象一下：一般情况下，一个孩子，每天的生活是怎样的？孩子每天接触的无非是大量的功课、各种考试以及各种校外辅导，顶多再加上很多学生难以拒绝的各种电子产品。

很明显，孩子的生活并不是很社会化。如果家长一味地关注孩子的成绩，孩子的社会化将严重滞后。

我多次在公共场合见到这样的情况，两三岁的孩子，必须看着iPad才肯吃饭；三四岁的孩子，玩手机熟练得让人难以想象，以至于拿到绘本也会情不自禁地用手划来划去；再大一些的孩子，对金钱毫无概念——“反正钱就在妈妈手机里，用也用不完”……孩子若现实感差，社会生存能力弱，别说进入社会后鉴别好人坏人了，就连基本的独立生活估计都无法保障。

那么，家长如何加强孩子的生存能力教育呢？

第一，让孩子掌握基本的生活技能和自救技能。

我经常有意地带米奇到各种社会场合，让他亲身经历各种人情世故。比如，我有一段时间经常让米奇蹲在菜市场门口卖菜，让他体验赚钱不易。我记得第一次这么做是在他10岁左右时。我事先买了两个大南瓜和一包山芋，并找来一块纸板，指导他在上面写上“南瓜10元一个，买南瓜送山芋”的字样。然后，我把一切都交给了他。一开始，他信心满满。他觉得只需10分钟左右就能把南瓜卖掉。没想到，半个小时过去了，无人问津。

躲在一旁的我只得提醒他要大声吆喝，才能吸引买家。

他起先不好意思，我就起了个头。然后，他才壮着胆子吆喝起来。终于，有两个阿姨走了过来，把他的南瓜买走了。他揣着得来不易的20元钱，汗津津地对我说："妈妈，赚钱确实挺不容易的。"

除了生活技能，我们还必须让孩子充分掌握必要的自救技能。据相关新闻报道，2018年6月，汕头市一所住宅发生火灾，两个小孩被困屋内，一个11岁、一个13岁。两兄弟不慌不忙，运用学过的消防逃生知识展开自救。后来，消防官兵及时赶到，将他们从火场顺利救了出来。所以，别嫌烦，教孩子学习一些火灾、水灾等自救知识，非常有必要，可防患于未然。

第二，遇到意外事故及突发事件不要围观，"跑"为上策。

2018年6月28日，上海发生一起恶性案件。一名男子持菜刀在某学校附近砍伤3名男童及1名女性家长。最终，2名男童医治无效死亡。我当时写过一篇全网阅读量近8万的文章《上海暴力事件后，我只对儿子说了4句话……》。我在文中特别强调了在突发事件到来时的生存诀窍，就是"跑"。我们要告诉孩子："你是未成年人，遇到坏人，遇到突发事件，别凑热闹，要机警一些，尽你所能拼命地跑！

跑到大人多的地方，或者找一个适合掩藏自己的角落。”

我的一个媒体朋友，曾给我讲过这样一件事：在某市，两群年轻人持刀斗殴，一个路过的少年因为好奇，驻足观看，结果被误伤致死。这样的恶性事件，怎可围观？我们要让孩子知道，必须先学会自保，“跑”是最基本的生存技能。

第三，远离网络游戏，尤其是暴力游戏。

沉湎于网络游戏将颠覆孩子的生命观，弱化孩子的生存力，消磨孩子对现实生活的真实感。比如，在有的孩子看来，生命是可以像游戏里的生命一样满血复活的。

教育部印发的《关于做好预防中小学生沉迷网络教育引导工作的紧急通知》，专门对中小学生沉迷网络相关问题做了警示和说明。青少年沉迷网络引发的各类恶性问题，有“极端重要性和现实紧迫性”。家长有绝对责任“扎好篱笆”，以身作则，杜绝让孩子在“手机瘾”中长大。

怎么做才能让更有趣、更有意义的事情代替网络游戏，走进孩子的生活？比如运动、电影、书籍、音乐等。这需要家长朋友好好思考一下。

教养工具3：
用阅读提升生命教育的质量

文学的力量常常胜于说教。我和米奇读过不少好的儿童文学作品，这些文学作品都是生命教育的好材料。

我还记得和米奇一起读《夏洛的网》时的场景。书里的小猪威尔伯第一次看到夏洛时，目睹了对方惊心动魄的“捕杀苍蝇”的过程。

> “首先，”夏洛说，“我向它潜下去。”它头在前向苍蝇扑下去。它下来时，一根细丝从它后面吐出来。
>
> “接下来，我把它捆住。”它抓住苍蝇，吐出几根丝捆住它，把它翻过来翻过去，捆得它动也不能动。威尔伯惊恐地看着。它简直不能相信它所看到的事，虽然它讨厌苍蝇，可为这一只感到难过。

本段落的最后一句话，不露痕迹地道出了“同情”的真谛：

即使是坏的事物，不讨人喜爱的事物，我们在面对它们的时候也要有最起码的悲悯之心。

由此，我带领米奇做了这样一个思考：我们可以不喜欢某些人，但即使这样，我们也要带着敬畏心尊重其生命权。

生命的价值和意义到底是什么？为友谊献出生命的夏洛，在生命的最后一刻说：

> 该怎么说呢，我们出生，我们短暂地活着，我们死亡。一只蜘蛛在一生中只忙碌着捕捉、吞食小飞虫是毫无意义的。通过帮助你，我才可能试着在我的生命里找到一点价值。老天知道，每个人活着时总要做些有意义的事才好吧。

只要留心，在各种好的图书里，无不流淌着生命教育的涓涓细流。下面再列举三本。

《杀死一只知更鸟》里，主人公阿克迪斯告诉孩子们：杀死一只知更鸟就是犯罪。莫利小姐对此做了解释：因为知更鸟什么坏事都没做，不偷吃蔬菜瓜果，也不在谷仓筑巢，只是“用它们的心唱歌给我们听”。

而现实中，有些人就是这样的“知更鸟”，特别是弱势群体，如书中的“怪人拉德利”“黑人汤姆·鲁滨孙”，他们善良淳朴，却成了别人随意践踏、猎杀的“知更鸟”。

我由此曾带领米奇一起思考：为什么我们会对那些对我们毫无危害的事物痛下杀手？

《天蓝色的彼岸》里，哈里是小说的主人公，他在死前与姐姐雅丹大吵了一架，然后因为车祸死去。他因为仍然有心愿未完成，十分牵挂爸爸、妈妈、姐姐和朋友，所以无法到达天蓝色的彼岸。后来他在幽灵阿瑟的帮助下，重返人间和亲人们做最后的告别，表达自己生前没来得及说出的爱。然后他和阿瑟一起毫无遗憾地奔向了天蓝色的彼岸，等待新的轮回。

我由此曾带领米奇一起思考：我们怎样才能尽可能在日常生活中少留遗憾？

绘本《爷爷变成了幽灵》也是一本关于生命教育的经典好书。

因病突然去世的爷爷舍不得离开心爱的小艾斯本。某一天，他突然出现在艾斯本的房间，坐在艾斯本的衣柜上。艾斯本不想让爷爷一直这样到处游荡、叹气。书上说，人如果在世上还有一些事情没有完成，就会变成幽灵。艾斯本想，爷爷可能是忘记了什么，于是开始帮爷爷寻找。在与幽灵爷爷的几次相聚中，艾斯本与爷爷共同回忆了过去的美好时光和幸福生活。

这是一本非常好的生命教育读本，它平静地讲述了死亡和别离，又告诉我们要珍惜和亲人在一起时的点点滴滴，允许孩子充分地宣泄悲伤，能让孩子学会安静地道别。

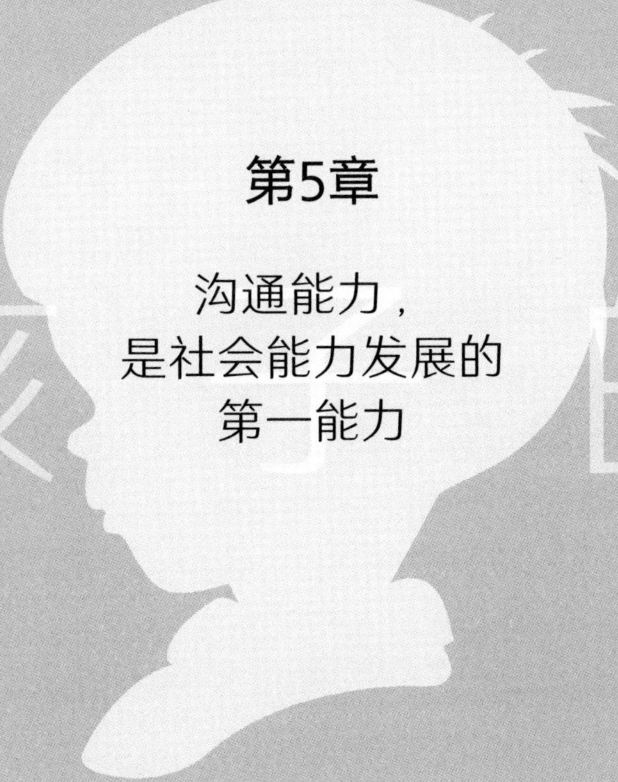

第5章

沟通能力，
是社会能力发展的
第一能力

启示录：

模范老爸杰森的沟通魔法——“我想和你谈谈”

2016年12月，在热播美剧《成长的烦恼》中饰演爸爸杰森的加拿大演员艾伦·锡克因病去世，享年69岁。这个消息让很多剧迷心痛不已。在很多人心目中，杰森爸爸是最理想的父亲。他最大的魅力，就是能与孩子以各种形式和谐沟通。

杰森和大多数平凡的爸爸一样，深爱着自己的孩子。他信奉平等交流，但也绝不纵容孩子。在长达166集的电视剧中，孩子们经历了欺凌、说谎、早恋、作弊、赌博等各种成长的烦恼。剧中的杰森老爸，从不对孩子说重话，而是非常善于用平等、幽默而又不失原则的沟通方式，帮孩子化解各种成长的烦恼，陪伴孩子健康成长。

杰森爸爸高超的亲子沟通术，让20世纪八九十年代电视机前的小观众十分惊叹：原来还有这样的父母！观众最忘不了的杰森的一句口头禅是："我想和你谈谈！"每每这时，大家都会翘首以待，杰森爸爸到底会怎样化解这集里出现的"麻烦"？

比如，某一集里，杰森意外得知在汉堡包房打工的大儿子迈克，其实在一周前就被解雇了。对于孩子的隐瞒，他很不解，并且十分愤怒。当天晚上，迈克开车回家后，杰森尽管心里万马奔腾，开场白却是："今天怎么啦？怎么穿得这么单薄。"这句暖心的开场白一下子拉近了父子关系。

迈克对爸爸说："我在汉堡包房受了点儿挫折。我觉得压力很大。"换作是你，这时你会怎样？也许你会这么想，你欺骗我这么久，压力当然大！

杰森爸爸和儿子一起坐在车头的保险杠上，表现出一种倾听的样子。最终，迈克和盘托出。原来迈克之所以被解雇，是有原因的。经理有一次发现装钱的抽屉没有关上，而且里面的钱少了。其实，这是店里另一个女孩的过错。迈克主动帮女孩顶了包，因此被解雇。

然后，迈克鼓足勇气说出了没有早一点儿将这一切告诉父亲的深层次原因。因为之前父亲曾带全家人到他打工的地方为他加油鼓劲儿，他因此很怕辜负父亲对他的信任，让父亲失望，所以迟迟不敢告诉父亲他早已被解雇的事实。

真相水落石出。杰森爸爸不失时机地对儿子说“我很赞赏你”，随后又在妈妈麦琪诧异的眼光中，搂着迈克的肩膀说：“真是个了不起的孩子。”这个“中心句”可谓定海神针，高度肯定了迈克的品质，给这场误会画上了一个圆满的句号。

在另外一集里，小儿子本杰明想送给父亲一部照相机，却没有钱。他偶然发现可以通过假借为慈善事业捐款的方式向邻居们募款，结果还真凑集到300美元。杰森知道后，立刻向本杰明说明骗钱是个愚蠢的行为，虽然本意是给爸爸买礼物，但这种做法非常不可取。开明的杰森让孩子自己选择惩罚自己的方式，但本杰明选择了一些小惩罚。杰森因此发现孩子并没有意识到欺骗别人的严重后果，于是说：“好吧，我想本杰明清楚自己的所作所为。我们也已经想好如何接受惩罚。”本杰明不解地问：“我们？”之后杰森宣布，首先把照相机退掉，然后他将陪着小儿子挨家挨户把钱还给邻居。妈妈麦琪以天已经黑了为理由想阻止，但杰森还是坚持让本杰明穿上外套马上出发。

麦琪说："他还是个孩子，是个小傻瓜。"本杰明也趁机说："9岁半，我又能懂什么？"杰森却一针见血地说："咱们的小傻瓜，犯的错误太严重了。"

在这次沟通中，爸爸杰森用稳定的情绪和坚定的语气，表明了家长对原则性问题的零容忍态度，同时强调"我们"一词，表示他会和孩子一同面对这一切。

你看，强大的沟通术多么奇妙！家庭不是激化矛盾的场所，而应是化解问题、麻烦、误会的港湾。父母如果选择了正确的沟通方式，孩子成长过程中的各种好的品质必将得到保护和发展；但如果选择了错误的沟通方式，将会导致内耗严重、情感流失，更糟糕的是，会潜移默化地让孩子建立不健全的社交沟通模式。

教养工具1：
良好的沟通能力是"听"出来的

正面管教理念的创始人简·尼尔森说，孩子们在感觉更好时，才会做得更好。那么，如何才能让孩子感觉更好？我想，父母首先要竖起耳朵，学会用心倾听孩子的心声。

上文提到的杰森爸爸，就是个善于倾听的优秀家长。我们愿意倾听，孩子才敢于把真话说出来。我们也才有机会听到孩子的心声。

作为家庭沟通术中最重要的法则，“真诚的倾听”基本可分为三个步骤。

步骤一：只听不说。

请耐着性子，给孩子充分表达的机会。孩子天生有表达的欲望。孩子越小，越是如此。比如，8岁以前，孩子的语言能力处于发展期。这时，他们的话特别多。家长千万不要因此抱怨孩子“话多、很烦”，甚至因此制止孩子说话。对孩子来讲，其思维还处在形成期。如果你经常打断孩子的话，或插嘴，或妄下评论，他会因此渐渐觉得“我讲的东西并不重要”，进而觉得“我不重要”。这会逐步毁掉孩子的自信。长此以往，他将会关闭心门。

我们千万别认为，打断孩子说话是很正常的举动。“只听不说”的真正意义是尊重孩子，尊重他是个活生生的、有思想的、独立的人。孩子有思考的权利，也有表达的权利。

孩子在表达过程中得不到父母的尊重，容易导致自我评价低，难以信任别人。

步骤二：共情孩子。

在“只听不说”的同时，请家长暂时放下家长的权威，开动脑筋，站在孩子的角度试着想想，他为什么这样说，他说的有没有道理。

为什么很多孩子总是觉得父母不理解自己？因为家长不做孩子太多年了，已经忘记了当孩子的感受。家长手里握有“权威”和“爱”两颗宝石。很多时候，亲子沟通不畅的核心原因，是家长把“权威”这颗宝石看得太重，而忽视了“爱”这颗宝石。“我是家长，你得听我的！”“你一个小孩子懂什么？”这是很多家长的口头禅。

想要共情孩子，理解孩子，家长必须适时放下“权威”这颗宝石，好好审视“爱”这颗熠熠生辉的宝石。这样，孩子才会感觉到被重视、被信任。其实这一切都不难操作。家长放下“权威”，“爱”自然会滋生。由此，家庭才会变成滋生爱和理解的沃土。

要着重说明的是，对于家长的“权威”，我们可“适时放下”，而不应“放弃”。我不建议家长完全视孩子为朋友，而放弃养育者在原则问题、重大问题上的引导责任。

步骤三：诚恳建议。

假设你很幸运，已经听到了孩子的心里话（其实走到这一步已经不容易了），接下来该做什么？我的建议是，首先肯定孩子的某些观点。不要敷衍地肯定，而是要有具体的表达。比如，你可以着重引用他刚才反复说的话，然后看着他的眼睛，给予诚恳的肯定。相信我，这会让孩子感觉很好，从而拉近你和孩子心灵上的距离。

有了互相理解和尊重的氛围后，你就可以适时给出你真诚的建议了。当然，如果不是原则问题，你不要期待他必须立即接受你的建议。其实，在可控的范围内，试错也是一种很好的人生经历。

举个例子。在米奇上小学二年级时，有一次我推开他的房门，一眼看见他躲躲闪闪地在藏东西。我知道他有事隐瞒，但并不着急，只是走近他，蹲下来微笑着问："米奇，你想跟妈妈说些什么吗？"他犹豫了一会儿，不好意思地拿出了iPad。原来他在玩《植物大战僵尸》这个游戏。我饶有兴趣地问他为什么喜欢这个游戏。他见我没有责怪，就大胆地滔滔不绝地讲起了这款游戏的各种魅力。

我一直没有打断他，听得津津有味（只听不说）。

最后，我说："口才不错啊！儿子，妈妈都被你说动了。如果不玩这个游戏，你会怎样？"

"小朋友都在玩……那我肯定没法跟他们玩了。"

"哎呀，那倒是。你以后每天做完功课，等我检查完之后，玩一刻钟好吗？你可以大大方方地玩。"这是共情，也是理解。

"太好了！妈妈！"他两眼放光。

"不过呢……同学之间——除了游戏——还有很多东西可以交流。比如，你看过那么多绘本和故事书，可以和他们交流下你看过的书啊！"我最后亮出底牌。这是诚恳的建议。

这件事的后续是，米奇采纳了我的建议，经常在下课时间跟几个好朋友分享他读过的故事。为了能和同学分享更多的故事，他读书的兴趣比之前更浓了。

教养工具2：

不做家庭中的“职业差评师”

上文重点谈的是“听”，下面我们谈谈“说”。

热播剧《小欢喜》里，乔英子考完试想放松一下，不料妈妈宋倩却紧皱眉头训斥她“都考第二了，有什么可高兴的”。表面上看，英子乖巧懂事，可实际上，她是剧中几个孩子中最敏感、最不快乐的一个。她曾经自嘲说，她和妈妈是“塑料姐妹花”，没有感情，一碰就“碎”。

一次，我的一位受访者跟我分享她的故事。她的故事和乔英子的故事如出一辙。高三某次月考，她考了全校第33名，于是开心地打电话给妈妈。不料她妈妈却冷冷地说：“只是考了个第33名，又不是考了第3名，你高兴什么啊？”电话这头的她，瞬间飙泪。从此之后，她考得再好也不愿意跟妈妈交流。

你看，很多父母（甚至包括教育行业从业者）都有个典型的身份：职业差评师。在他们看来，孩子做得再好也还不够好，所以动不动就给个差评。他们不知道，语言暴力给孩子心灵带来的伤害是不可逆的。身体的伤害还有痊愈的可能，心灵的伤害很可能无法修复。

还有一位受访者跟我聊天，提到她6岁的女儿（在上海一所公认的优质幼儿园读大班）时说：“老师说她什么都好，就是有个缺点……”她紧蹙眉头，继续说，“老师说她太天真了，我回去要说说她。”

我当时深感惊讶。这个年纪的孩子天真烂漫，不是很好嘛，明明该得“好评”……不知道长期在充满差评的环境中长大的孩子，未来会怎样。

画家陈丹青曾说，我们最好不要对孩子说很多属于价值判断的词。比如，你看到孩子画了一幅画，你可以说：“That’s interesting.”这类开放性的、不含价值判断的词汇有很多，都可以使用。否则的话，大人说“好”或“不好”，“对”或“不对”，都是在“杀”小孩。长期如此，小孩就会被“杀”掉，因为孩子的童真没有了。

大人确实是奇怪的生物。他们愿意花大量时间和心思去处理与同事、朋友的关系，唯独不愿意花精力学习如何跟孩子处好关系。难道其他人比孩子更重要？显然不是。说到底，大人普遍觉得孩子就是孩子，和自己是不平等的。在没有尊重，只有“差评”的家庭，亲子之间显然无法建立良好的亲子沟通机制。

我提倡在家庭沟通中多使用充满正能量的语言，以使孩子对自己的精神和身体力量更自信。记住，你不是孩子的训导主任，你是孩子探索世界的导游。

奥地利心理学家阿德勒说，儿童教育中一个最为严重的错误就是，对儿童做恶毒的评判。有一次，我的小记者团的一个家长，向我抱怨她13岁的儿子太过调皮。其实，这个孩子在我看来很有创造力，很聪明，很活泼。她不屑一顾地说：“他居然说要考哈佛大学！真是异想天开！”我饶有兴趣地听着，问她是怎么回答的。她说：“我当时就脱口而出，就凭你？也不照照镜子，别不知天高地厚了！”

你看，在“差评师父母”的眼里，孩子浑身上下好像没有一处优点。他们或许不知道，从心理学的角度，贬损或羞辱只会增加孩子的怯懦和自卑。有时，单单是我们糟糕的语气，就会激发孩子的不良行为，更何况还要加上充满负能量的语言和表情。这样的沟通方法，太不可取了。

教养工具3：

通过巧妙的提问提升孩子的沟通能力

上面，我们分别从“听”和“说”两方面分析了亲子沟通的方法及技巧。下面，我们来谈谈“问”。通过提问来和孩子沟通，是一个非常不错的办法。

比如，通过提问，可让孩子考虑自己行为的后果，发展他的道德想象力。

举个例子。8岁男孩小强经常被其他家长告状，说他喜欢推搡别的小朋友，好几次把别的小朋友推倒。小强的爸爸非常重视，决定和孩子沟通此事。在确认“推人”这个事实成立后，小强的爸爸这样问：

“小强，你觉得把小朋友推倒在地上，会有什么后果呢？”

“他们会疼吧……”小强害怕地看看爸爸。

“放心，爸爸不会打你。但是，你想象一下，小朋友被你推倒，如果地上高低不平，会发生什么？”

“会受伤。”

“哪里会受伤？”

“脑袋、手、脚……”小强看看自己，小声回答。

“如果你是那个被推倒的小朋友，你会怎么办？”

“我可能会流血，可能会哭……”

“那怎么才能避免这样的事发生呢？”

“不推别人。”小强羞愧地说。

“你说得很好。孩子，走，我们去给那些小朋友道歉去吧。”

另外，把命令转化为提问，可以发展孩子的思考能力。

比如，你带孩子出门前，与其命令他穿什么、带什么，不如这样问：“我们该走了。你想一想，该做些什么呢？”

比如，孩子晚上想出去玩，你与其命令他不要出门，不如提醒他：“我们家的外出规则是怎样的？你还记得吗？”

再比如，孩子他爸要出差几天，孩子黏着他不让他走，哭哭啼啼的。因为安抚无效，你们心里烦闷，忍不住命令：“不许哭！你这孩子怎么这么不懂事，爸爸出差还不是为了这个家？”这是多糟糕的沟通！不如这样问孩子：

“宝贝，你觉得爸爸出差是为了什么呀？”

“为了上班，为了工作。”

"宝贝真厉害，说对了。那爸爸为什么要上班呢？"

"为了养我。"

"宝贝真懂事。那你为什么不希望爸爸去呢？"

"我会想爸爸……"

"那依你看，我们怎么做才能在爸爸出差期间每天看到爸爸呢？"

"我想每晚和他视频聊天。"

"好啊！我们约定每晚8点和爸爸视频聊天好吗？"

"好。"孩子破涕为笑。

你看，在亲子沟通中，父母的提问能力多么重要！"提问"比"倾听"和"表达"更切合"沟通"的内涵。提问是双向的，而听、说可能是单向的。

有些家长可能会说，我和孩子沟通时也经常提问呀，为啥还是找不到感觉？"沟而不通"的原因和提问质量有关。如果你的提问充满追问、质疑、控制，那只是披着提问的外衣，行命令之实而已。高质量的提问，一定要带着尊重、开放、平等的气息。

教养工具4：

利用愉快的进餐时机，与孩子沟通交流

在前面的内容中，我们谈了“听”“说”“问”当中的沟通术。现在，我们再来谈谈“吃”中的沟通术。

卿姐是我的一个受访者，她是一名教育工作者，有两个女儿。长期以来，每当孩子出状况时，她都会带孩子外出吃饭。

她告诉我：“如果我们在封闭的环境里——尤其是在孩子的卧室，硬要孩子坐下来，问他发生了什么事，孩子一定会本能地反抗。我们通常只能听到一个封闭的答案，‘没发生什么’。我的做法是，走出家门，带孩子去吃他喜欢的食物，为他营造一个放松的环境。等他吃饱了，再耐心地和他谈谈他的状况。这时，孩子会比较配合，会告诉你真心话。”

在进餐时沟通问题，是很多人崇尚的方法。因为和父母在一个餐桌上吃饭，孩子从心理上能感觉到自己与父母是平等的。在餐桌上，父母如果能敞开心扉，孩子也会学着畅所欲言。如果父母能给予恰当的鼓励，孩子会十分享受在餐桌

上谈话的乐趣，并且更容易学会倾听和表达的技巧。

脑科学专家洪兰在一次课程中也谈到了“父母和孩子一起吃饭”的话题。现实生活中，父母忙着加班应酬，孩子忙着学习，一家人围坐在一起吃饭的机会并不多。因此，洪兰提倡父母要多找机会和孩子一起吃饭。她认为，和孩子一起吃饭是增进亲子感情最好的方法。

回想我的青少年时代，父母跟我关于很多事情的沟通，大多都是在餐桌前完成的。时隔多年，我早已不记得具体的细节了，但那种就着饭菜余香的宽松的沟通氛围，承载了父母对我的尊重和信任，至今让我回味无穷。

而这个传统，在我自己的小家庭演变成了一个固定的活动——“每月疯狂日”。也就是说，我们每个月选择一天，让米奇决定我们去哪里吃饭。全家人在享受美食的同时，分别谈谈各自的近况。我们也会“攒”一些问题，和米奇推心置腹地聊天，通常能收到非常好的效果。

培养孩子的社会情商

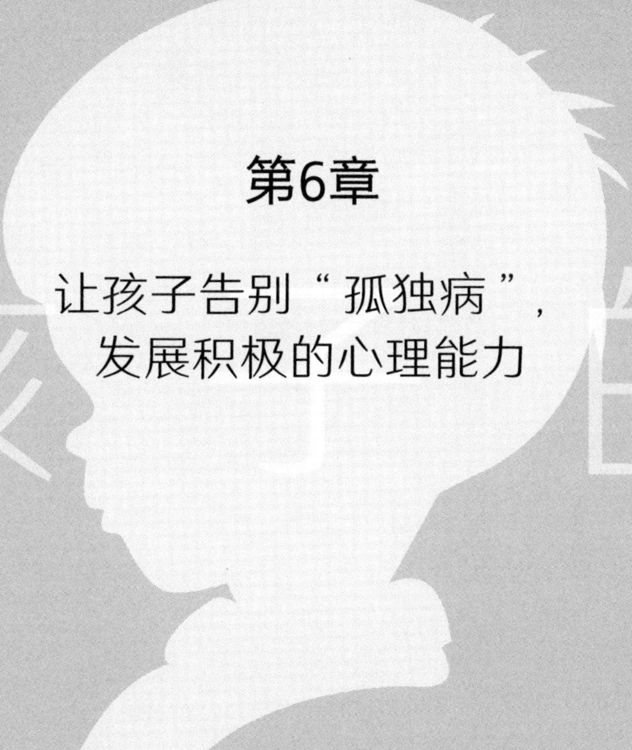

第6章

让孩子告别“孤独病”，发展积极的心理能力

启示录：
名校高才生拿硫酸泼熊背后的真相是什么

发生在多年前的北京某名校高才生刘某某伤熊事件，你还有印象吗？中国人民公安大学教授李玫瑾在一次访谈中分析了刘某某伤熊事件背后的心理动因。从此，一个在家庭教养中很容易被忽视的问题——“孤独感”，浮出水面。

我们先回顾一下这个事件。

2002年1月和2月，北京某名校22岁的高才生刘某某在北京动物园用腐蚀性溶液伤了5只熊。这个事件在2002年可谓爆炸性新闻，在社会上引起极大反响。最终，刘某某被处以留校察看处分。

名校高才生为何会做出这样的行为？很多人不能理解。

李玫瑾教授在访谈中根据刘某某的成长经历分析了其中的可能性原因。

刘某某在单亲家庭中长大。刘某某的母亲是个职业司机，每天凌晨四点就出车，半夜才能回到家。

刘某某5岁之前常常被妈妈锁在家中。妈妈为了防止他出意外，还禁止他靠近窗户。5岁之后，刘某某才能常常走出家门，看到外面的世界。

就是在这样的环境里，刘某某长到了22岁。他一直很喜欢生物，考大学时很想报考生物系，但迫于母亲的压力，最后报考了北京某高校的机电系。

李玫瑾教授长期从事青少年心理问题的研究，她分析了刘某某伤熊的可能性心理动机：从小被妈妈锁在家里，从窗户往外看能看到的活物应该只有鸟了，所以他对动物很感兴趣。虽然他的社会化发展相当滞后，但他的心灵其实非常干净、纯粹。他应该只是想做个实验而已。

这个典型事件给了我们一个重要的警示：父母若严重疏于陪伴，对孩子的心理抚养几乎为零，容易让孩子体验到极致的孤独感，从而影响孩子的社会情感发育、社会能力发展，最终导致性格上的缺陷。

其实，孤独感人人都有。相比孩子来说，成人比较容易化解孤独感。成长中的孩子缺乏自己化解孤独感的能力。如果大人没有察觉，不加以引导，孩子长期处于孤独状态，容易导致缺乏自信、安全感低、自我评价低、社交能力弱等结果，从而引发抑郁、焦虑等情绪障碍，甚至引发厌世、自杀等极端行为。

孩子和父母的关系，是孩子面临的最初的社交关系。我们要正视孩子的孤独感，帮助孩子降低孤独感带来的负面效应，从而帮助孩子塑造自信、健康的心理状态。

教养工具1：远离陪伴误区，给孩子高质量陪伴

畅销书《小王子》里有一段话，悲伤又现实：

“人在什么地方？”小王子终于又开了腔，“在沙漠上，真有点孤独……”

“到了有人的地方，也一样孤独。”蛇说。

美国心理学会指出，孩子长到18个月时，就能感受到和抚养者的分离状态，会用哭泣或者挥舞手脚表达孤独的情绪。随着慢慢长大，那些长期被父母忽视的孩子，不易被听到，也不易被看到，更容易感到孤独，从而很容易引发心理问题。

美国心理医生M.斯科特·派克在他的畅销书《少有人走的路》里也指出："如果不把精力用在孩子身上，与孩子相处的时间少得可怜，就无法深入了解他们的需要，并找到教育他们的正确方式。"

我们到底该怎样陪伴孩子，才能避免他患上"孤独病"？我想，陪伴孩子，至少要避开以下几个误区。

误区一：用钱可以买到陪伴。

我的实习生小米，曾跟我聊起她打工时的一段经历。有一次，她经人介绍，到一个小学生家做家教。那家的孩子和她混熟了之后，跟她说了心里话，父母平时忙于工作，几乎不陪她。她最后说："姐姐，你真好，你肯陪着我。我让爸爸妈妈加钱给你，你千万别走啊！"那一刻，小米强烈地感受到了一个小孩子的孤独和辛酸。

你看，别说家长，就连孩子都有这样的逻辑：用钱可以买到陪伴。而很多商家也是紧紧利用孩子的孤独感，大做文章。比如，为了推销智能语音机器，某商家这样打广告：孩子孤独不要怕，有某某陪伴，从此生活中多了“智能小保姆”。试想一下，孩子身边围绕着的不是父母，而是各种智能机器人，这是人类的进步还是退步？

误区二：孩子不听话，肯定是孩子的问题。

2019年6月某日傍晚，在南京某地铁站里，一名十几岁的男孩在进站口徘徊了10多分钟。随后，民警把他带到警务室了解情况。孩子语出惊人，说自己已经离家出走10多次。后来，民警得知，男孩父母沉迷于玩手机，基本不管孩子，男孩迫于无奈，才想用出走的方式引起父母的注意。

以上事件发生后不久，南京某地铁站的工作人员又发现一个12岁的男孩在地铁里独自闲逛。原来，男孩的父亲忙于工作顾不上照顾他，因此男孩想在地铁里面过一夜，目的是想看一下父亲会不会着急。

这两个男孩，他们是“不听话的坏孩子”吗？我想不是。父母应该多了解一下孩子行为背后的原因：他们只是想用出格的行为，求得父母的关注罢了；他们求关注的原因是他们觉得孤独；他们之所以感觉孤独，是因为家长的持续忽略，使得他们在家里没有归属感。

误区三：长期有大人陪伴，孩子就不会孤独。

相较于疏于陪伴孩子的情况，有很多家庭正在“过度陪伴”孩子：全家上下所有人每天围着孩子转，无微不至地照顾孩子。

有句话是这样说的：“家庭健全不等于健全的家庭教育。”对孩子的养育不仅要注重物质方面的养育，同时要注重对孩子的心理抚养。对孩子的物质需求，现在很多家庭基本都能满足了。但我们是否满足了孩子的精神及心理需求，这还有待商榷？“我那么忙，还不是为了养你？”“买了那么多玩具给你玩，怎么还黏着我？”相信，这是很多家长的心理论调。

很多时候，我们也许并没有理解，孩子口中的“孤单”指的是“没人懂他的心”。

很多时候，家长和孩子的沟通，真可谓“鸡同鸭讲”。孩子明明想要一朵花，你却拔来一团草，然后还呵斥道：“这团草这么好，你为什么不喜欢？”在这种互动模式中，孩子会形成这样一种思维定式：你们不懂我，我说了也白说。当孤独感越来越强烈，他就会把自己封闭起来，内心的起伏不再外露。

不讲求质量的陪伴或者错误的陪伴，花费再多时间也没用；高质量的、科学的陪伴，哪怕每天只陪伴一小时也会让孩子十分受用。那些小时候缺乏高质量陪伴的孩子，过早地习惯了孤独与失望，缺失安全感，其心理和行为容易发生偏差。

对一个孩子来说，被看见、被听见、被尊重，是极为重要的。那些假装陪着孩子，却偷偷玩着手机的父母；那些听到孩子吐露心声，却只会心不在焉地“嗯嗯”两声的父母；那些只肯陪伴同事、客户、上司，唯独不肯陪伴孩子的父母，你们该醒醒啦！

教养工具2：
“慢养育”，让孩子触摸真实的世界

当今时代，唯快不破。人们在快速走路，快速说话；商家在快速生产，快速促销；大街上的高楼在快速崛起；地铁里男女老少在快速划拉着手机屏幕……

然而，我们在享受“速度便利”的同时，有时候总觉得心里空落落的，甚至常有一种不真实的感觉。

对于孩子来说，在父母的指挥下，他们成了“学习机器”，每天早出晚归，行色匆匆地奔波在学校、校外培训班和家之间，忙的时候甚至连午餐和晚餐都得在路上解决。有父母笑称：“家就像孩子的旅馆，每天只是回来睡个觉。”

想出去踏青、抓虫子玩？免了！想自己洗碗、切菜？免了！想找小伙伴玩耍？大家都在培训班里，还不“快快快”地学本领去……但是，踏青、抓虫子，是和真实的自然打交道；洗碗、切菜，是和真实的生活打交道；找小伙伴玩，是和真实的人打交道……

在“以快为美”的教养环境的裹挟中，孩子丧失了对真实环境的感知能力，严重缺乏现实感和真实感，这是“孤独病”的源头之一。在他们眼里，钱不是纸质的，而是妈妈手机里不断跳动的二维码；游戏不是在现实生活中和小伙伴一起玩的，而是手机里的打打杀杀；故事不是由爸爸妈妈讲的，而是智能语音机器人讲的……稍大一点儿的孩子，能在网上和同学甚至陌生人畅聊，但一回到现实就不会沟通了。

家长希望孩子心无旁骛地快速成长甚至成功，恨不得孩子一夜之间达到人生巅峰。与此同时，很多孩子用拖延、叛逆、出逃、钻到虚拟世界等方式来寻求心理满足。很多孩子看不清真实的世界是什么样子，完全沉浸在虚拟世界里，仿佛只有在虚拟世界，才能找到属于自己的存在感。这无疑会加剧孩子在现实生活中的孤独感。

父母在养育孩子的过程中，一定要放慢速度，要有意识地让孩子触摸真实的生活，这是帮助孩子对抗孤独感的重要手段。

拿我自己举例。我父亲是军官，我从小生活在部队大院。大院里孩子众多，我们从小在一起玩的小伙伴，成立了“童子军”。印象中，我的父母非常支持我参加这个“草根童子军”。我的相册里至今还保留着我参加活动时父亲为我拍的活动照片。

每天放学后，我们拉练、打拳、做游戏。这都是真实的社交。我们还会在大孩子的带领下，辨别各种野果，听不同的鸟的叫声，用大的梧桐叶做帽子，用松针和蚕豆做金鱼造型的玩具……那时，大院里的大人也都很忙，但他们会教孩子做各种简单的家务，比如择菜、剥豆、扫地、擦窗等。

在这样的环境中长大的我，一直认为“童子军”里的小伙伴是我的朋友，野果子和松针是我的朋友，家里的蔬菜瓜果也是我的朋友。我每天精力充沛，乐观豁达，很少有孤独感和虚无感。正因如此，我的社交能力也发展得很好。

脑科学专家洪兰老师也非常推崇“真实的慢养育”。她说，人长期处于快节奏的工作和学习中，大脑会产生强力激素，会压抑免疫系统，所以家长要特别注重培养孩子“慢得下来、静得下来”的能力。

洪兰曾说，她的儿子上学时每天放学回家后的第一件事不是立即进卧室，而是进厨房给妈妈打下手。有一次，她的一个朋友来她家玩，看到她儿子在厨房帮忙，大惑不解地问：“你儿子是不是做错了事，你要惩罚他？”如果家长认为孩子的任务只是学习，其实就是把他往“书本世界”里“推”，而不是把他往真实的世界“带”。在“催促学习”的普遍模式中，家长很容易忽略孩子的情感需要，孩子心灵上的“孤独感”在所难免。

我们来看一个小故事：

下雨了，街上的人都在急匆匆地跑着。有一个人却慢慢地走。旁边的人边跑边问：“你不怕淋雨吗？还不快跑？”这个人回答：“急什么？前面不也在下雨吗？”很多人笑这个人傻，但我却觉得这个小故事寓意颇深。

速成时代，人们难免焦虑。成年的我们，在焦虑中奋进，在焦虑中煎熬。如果多个心眼，我们不难发现：无论我们的脚步多快，该出现的麻烦仍然会一个不落地排着队等待我们。既然如此，我们又何必急着“跑过下雨的街道”？在“快”的召唤下，我们自己的心灵都很难照顾到，何谈照顾孩子的心灵？

快养，容易忽略孩子的心理需求；慢养，容易“看见”孩子，容易照顾到孩子的精神成长。如果你不希望孩子的心灵干涸，就从现在起，适当“慢养”，让孩子拥抱真实的世界吧！

教养工具3：

收起无用的“唠叨”，否则孩子将更孤独

除了“快养”会给孩子带来严重的孤独感以外，还有一点请父母们特别注意：我们越唠叨，孩子有可能越孤独。

心理学上有一个词，叫“超限效应”，指的是外来的刺

激过多、过强或作用时间过久，越容易使人感觉不耐烦。家里如果有个唠叨的家长，孩子多半会有抵触情绪。久而久之，他们便不想说话，不想沟通。你嘴巴动得越多，他眼神越游离，随之而来的是他内心深深的孤独感。个别孩子会因此发生自残行为（尤其在青少年时期）。

我曾专门就此询问过几个受访者，请他们谈谈对“父母唠叨”的看法。他们的代表性观点，我梳理如下：

“在这样的环境下，我基本不想说话。因为我只是面对他们，都会莫名地觉得十分烦躁。”

“我没办法梳理自己的情绪。每一次看到他们，我都很容易发怒。我知道我有情绪问题，但是无力改正。”

“我青春期时因为母亲十分唠叨割过手腕，长大后和爱唠叨的母亲感情很淡。”

“我高三时打定主意，一定要考到外地去。这样，我的世界就清静了。后来如愿以偿，但我并不开心。”

“我妈事无巨细的唠叨，把我变成了一个不喜欢沟通、很孤独的人。现在在工作中，我也是如此。”

“每每面对父亲反反复复的唠叨，我都会有胸闷、压抑的感觉。现在我都做父亲了，还是不想面对自己的父亲，几乎不和他说话。”

可见，长期听训的孩子特别孤独。让我们一起收起无用的唠叨，还孩子一个自由的空间吧。我不希望这些受访者的现在成为我们孩子的未来。那么，如何做呢？

第一，在家里建立规则，用制度管“人”。

比如，我们可以召开家庭会议（再小的孩子都有权利参加），制订家庭规则，然后打印出来，贴在家里醒目的地方。用规则管“人”，可以避免很多唠叨。

第二，按照制度办事，避免争执和狡辩。

要做到这一点，尤其要注意“一视同仁”。无论谁违反规则，切记不可争执或狡辩，必须真诚地道歉并接受相应的惩罚。有了明文规定，孩子会发自内心地尊重规则，约束自己的行为。这从某种程度上可减少家长的唠叨。

第三，用“无声的语言”来沟通，尽量做到“零唠叨”。

米奇的卧室，有一个蓝色的木头信箱。我和米爸经常把我们的建议写在纸条上，投入这个信箱。我们会提醒米奇定期查看信箱。在某些特殊的日子，我们还会用好看的信纸给他写信。有时我们也会用录音表达我们的想法，以避免面对面处理某些事情时发生不愉快。

总之，我们小心翼翼地避免唠叨，用“无声的语言”和他保持精神上的联结。米奇给予我们的回应也非常积极，不但会及时给我们回信，而且有什么心里话也很愿意告诉我们。有时，我们还嫌他是个小话痨呢！

教养工具4：
提升孩子的价值感，消除孩子的孤独感

如今的父母深知社会性发展的重要性，从小给孩子报绘画班、轮滑班、思维班等各种培训班。孩子收获了好多朋友，但是他们这样就不孤独了吗？

孩子在长大的过程中，如何消除孤独感给其带来的负面影响？家长要注意引导孩子，在鼓励他交友的同时，多帮助别人，用正向的价值感来消除其孤独感。

说起这个话题，我不禁想起我小时候的一个经历。我在上小学四年级的时候，某天偶然得知我家附近有个和我同龄的小女孩因为得了乙型脑炎，后遗症比较严重，长期卧床在家，十分孤独。我那时第一次听说乙型脑炎这种病。我觉得

她很可怜。

那天吃晚饭时，我把这件事告诉了父母。他们建议我在班级里号召一下，让大家轮流去女孩家里陪她玩。父母的建议无疑是正确的。我发出倡议后，得到很多同学的响应。在老师的帮助下，我们立即成立了一个红领巾小分队，并做好了行动计划，每周末轮流到女孩家里陪她玩。

我们会带上课本和玩具，有时给她读课文里的文章，有时陪她一起玩玩具、做游戏。这个小分队里有二十来个同学。我们这个活动一直坚持到小学毕业，之后把“接力棒”交给了下一届学生。我作为发起人，也因此获得了“优秀毕业生”和“优秀大队干部”的称号。

当时我不觉得这是一件多么了不起的事，但是时隔多年之后，有时回想起这件事，我真的非常感激我的父母。因为他们的建议和鼓励，我和我的同学体验到了一个人去帮助另外一个人的价值感。这种价值感，为我的社会化发展打开了一扇门。原来，同伴之间不单有笃定的友情和说不完的悄悄话，还可以带来“助人者自助”的巨大喜悦。我们的行为，填补了生病女孩的孤独，同时又治愈了我们成长中的孤独感，升华了我们的情操。我们因此获得了无与伦比的自我肯定。

我们来看一个小故事：

“现代催眠之父”米尔顿·艾瑞克森一次来到一个小城讲学。一位同僚请他顺道看看自己的姑母。这个同僚的姑母终日把自己关在老屋内，十分孤单。艾瑞克森发现她种了几盆非洲紫罗兰，就建议她多种一些，城里哪户人家有喜事就送一些过去。她真的照做了，然后她很快变成了城里最受欢迎的人。在她去世后，当地报纸这样报道：我们痛失了我们的“非洲紫罗兰皇后”。与此同时，几乎全城的人都走出家门，为她送葬。

这个故事揭示的道理非常简单：一个人一旦找到了自我价值感，他就有了抵御孤独的勇气和智慧。

也就是说，如果我们的孩子找到了被需要、被肯定、被重视的价值感，他就会成长为自信、健康的人，肯定将和“出走”“自残”“厌世”绝缘。

要在生活中提升孩子的价值感，不妨从以下几点做起：

一、让孩子长期坚持照顾一种植物或动物。在照顾绿植或小动物的过程中，孩子能体验到自己的重要性。

二、为孩子制订一个长期的、持续的助人计划。比如，对于喜欢乐器的孩子，可以经常带他去福利院或养老院，让他演奏乐器给这些地方的老人或孩子听；对于喜欢踢球的孩子，可以鼓励他教更小的孩子踢球。

三、让孩子参与家庭管理。孩子在参与家庭事务的管理过程中，其自我价值会得到提升。家人的肯定和尊重也会提升他的自我评价。

第7章

教会孩子正确处理“同伴压力”

启示录：
品学兼优的女生为何堕入吸毒的深渊

我们来看这样一个案例：

小琴在小学阶段是一个品学兼优的孩子，一直是父母的骄傲。但是上了初中后，她开始贪玩，总是喜欢跟不爱读书的同学一起逃课、上网，还结交了一些社会青年。

读初二时，正值青春期的小琴在一次聚会中，在校外“朋友”的怂恿下，第一次“尝试”了毒品。“他们建议我试一下，我就试了，然后就吐啊，全身感觉很难受。后来，我吐完以后，他们就说‘你怎么这么差劲’！”

被朋友看不起，小琴很难过。为了表现出自己的“合群”，她决定再次尝试。在这种心理的驱使下，她终于滑向了犯罪的深渊。毒品带来的刺激，让她很快沦陷。后来，她还认识了吸毒的男友，两人经常一起吸毒。

长期沉迷吸毒后，小琴无心学业，勉强上了一所高中。高二暑假的一天，她在酒吧吸毒被抓。她的父母这才惊觉女儿已经染上毒品。

之后，小琴又多次复吸。

据调查，有相当多的人明知吸毒违法，但在朋友的唆使和诱导下，开始尝试毒品，逐渐成瘾后，会放弃甚至改变自身原有的价值认同，由被动吸毒变成主动吸毒。

在上面的案例中，小琴的“我不能被朋友看不起”的心理，源于在青少年中普遍存在的“同伴压力”。

个体因为渴望被同伴接纳、认可、肯定，为了避免被排挤，可能迫于这样的压力选择违背自己的意愿实施某些行为。

同伴压力无处不在，而且不分年龄。

我的一个受访者廖先生的妈妈退休前曾是一家医院的护士长，但在家族微信群里，常常转发各种伪养生知识，并且乐此不疲。这是为什么呢？按理说，她大半辈子都在和医学打交道，应该有一定的专业知识。对此，她是这样说的：“有些微信群里大多是中老年人，大家都认可这些谣言。如果我跟他们讲医学知识，他们不仅不会听，还会觉得我很怪。我只能随大流一起转发那些消息。”这个回答揭示了一个社会现象，同伴压力存在于任何一个年龄层。

孩子从小到大面临的同伴压力几乎随处可见。

电影《奇迹男孩》里，主人公奥吉面部有严重缺陷。奥吉的好朋友杰克在万圣节这天，迫于班级里的同伴压力，对班上的“势利鬼”朱利安等同学表示，他并不喜欢和奥吉在一起，并对奥吉的怪异容貌品头论足。事实上，杰克是真心把奥吉当朋友的。这一幕正好被奥吉看到了。这件事伤透了奥吉的心。

在《少年的你》这部电影里，施暴者魏莱身边的小跟班，也是迫于同伴压力（不跟着同伴欺负别人，可能就会被同伴欺负），最终成了校园欺凌者的帮凶。

在我们身边，这样的例子更是不胜枚举。比如，同学都在用手机，你的孩子也想有，不然会被同学笑话，甚至被排挤；某个小团体内的小伙伴都喜欢追某部剧、看某个视频，你的孩子只能恶补，生怕因为和同伴没有共同话题而遭排挤；一起打篮球的同学，都穿名牌运动鞋，你的孩子也想买，他害怕被别人看不起，担心自己没资格和同学打球……

事实上，同伴压力也有积极的一面。同伴压力处理得好，能促进孩子正确认识自我、突破自我。孩子儿时的同伴交往模式，就是他们将来进入社会后人际交往的预演。如果孩子带着盲从的性格进入社会，将很难适应社会，很难真正做自己。个别人甚至可能会像本文开头提到的小琴一样，误入歧途，不能自拔。

教养工具1：
建立自我价值认同，发展自信和勇气

同伴压力几乎是所有人都要面对的问题。想要教会孩子正确面对同伴压力，家长必须提高孩子对自我价值的认同感，从而帮助孩子建立属于他的特有的价值系统。

一般来说，被同伴压力控制的孩子，会逐步进入自我价值迷失的状态中，会不知不觉忘记了自己是谁，自己想要什么。所以，当孩子向你提出“想要某样东西（做某件事），因为其他同伴都有（都在做）”这样的需求时，你就要警惕了。

我之前在网上看到一个网友分享了一件关于自己女儿的

事情。这个网友的女儿在美国读小学三年级，是班级里唯一的亚裔女孩。班上的大部分女孩都涂指甲油，每天都在讨论热播电视剧。这个网友的女儿感受到了巨大的压力。有一次，这个女孩向妈妈提出，想买一双某知名品牌的棉靴，原因是她所在班级的女孩几乎每个人都有一双这个品牌的靴子。

这个妈妈拒绝了女儿的请求，并且告诉她一个重要原则：“孩子，如果你认为你是对的、好的、美的、善的，不需要为了迎合别人、为了被人接受而去改变自己。你要做的，就是认可自己的价值，坚持做自己。”

当女儿再次提出要买这个品牌的靴子时，这个妈妈买来一双这个品牌的棉靴和一双某超市自产的棉靴。两双靴子颜色、样式、材质几乎一模一样。

女儿兴奋地试穿，突然发现一双149美元、一双39.99美元。她最终让妈妈把那双品牌棉靴退掉了，第二天高兴地穿着没有品牌的靴子去了学校。

这个故事的结局是，这个网友的女儿“坚持自我”的行为引来其他美国女孩的赞许。最后，居然有同学效仿这个女孩买了便宜的靴子，并相约一起穿到学校去。之后，在妈妈的引导和支持下，女儿逐渐释放自己的同伴压力，能大方地在同学面前吃中餐；能坚持读自己喜欢的书；能坚持穿自己认为美的衣服……慢慢地，因为欣赏自己的朋友越来越多，她最终出落成了一个自信、勇敢的姑娘。

你看，孩子处于同伴压力中时，若能得到家长的正确引导，就会有清晰的自我价值认同，继而会生发出自信和勇气，往后的每一步也都会走得踏踏实实。“我就是我，是颜色不一样的烟火。”孩子能真正做到自我认同后，就像靠岸的轮船找到了一个大锚，遇到再大的风暴也不会害怕。

教养工具2：
锻炼独立思考能力，让孩子远离盲从

2012年，我带报社的小记者团到美国交流访问。开始时，一切都很顺利。但是，有一天傍晚，我们遇到了一件让我们倍感意外的事。

当时，我和另一位带队老师正在一个美国家庭做学访，小记者团的孩子们则在合作大学的宿舍楼休息。突然，我的手机响了，宿舍楼的老师在电话里焦急地对我说，我们团队里有个中学生不小心按了墙上的火警铃，然后所有学生都跑到了楼下的空地上，消防人员也正在赶来的路上。

我知道，这个祸闯大了。我们心急火燎地赶回宿舍楼，快速地和孩子沟通了前因后果。原来，那个学生是受到团里个别男生的怂恿才犯下错的。那些学生对他说：“如果你不按，你就是胆小鬼。”他迫于同伴压力，做了傻事。

了解清楚状况后，我们第一时间带领孩子给全楼学生道歉，并尽全力解释这是一场误会。消防人员到来之后，我们又带着孩子，和校方老师一起，诚恳地道歉和解释，这才平息了此事。

在这个案例中，有一场博弈发生在同伴压力和独立思考之间。遗憾的是，独立思考“输了”。那个15岁的学生，理应清楚谎报火警的严重后果，但由于日常缺乏独立思考的训练，一经怂恿，他就犯了大错。

那么，家长如何在日常生活中训练孩子独立思考的能力呢？我们可以这样引导孩子，当同伴压力来临时，他可以先问自己这样一些问题：

“这件事我认可吗？我反感吗？”

“我到底喜欢什么？”

“我有什么办法拒绝他们？”

“我是否可以主动寻找适合我的朋友？”

如果你能让孩子平时多做这样的练习，那就更好了。孩子会慢慢建立独立思考的能力，也会更深刻地认识自己。

独立的思考能力，会指引孩子发展出独立的行为能力。“手无寸铁”的孩子“佩上了宝剑”，在社交的战场上，他将披荆斩棘。尽管对抗同伴压力并不容易，但经过长时间的练习，孩子一定能逐渐战胜这种压力。你终将看到，孩子的眼神会更坚定，神态将更自若。

教养工具3：
教会孩子用“反向思维”抵御负面评价

孩子自从用稚嫩的小脚丫跨出家门，就开始有了社交，就会慢慢意识到：别人对我会有看法和评价。

受同伴压力的影响，孩子往往很在乎身边人对自己的评价。“你是胆小鬼！”“你真扫兴！”“你好差劲！”……听到这样的负面评价，孩子会如坐针毡，会觉得难堪、自卑。因为惧怕这样的评价，孩子往往会努力成为他的朋友圈子的“老好人”，为了不被孤立、排挤，不管是非好坏，都会选择默认或顺从。

蔡妈8岁的女儿和班级里的几个女生玩得不错。看到女儿有了自己的社交圈，蔡妈很是欣慰。但这学期以来，她发现女儿有点儿反常。比如，女儿多次要求家长买指定款式的头绳、皮鞋甚至裙子——一点儿都不能错，她说“这是我朋友规定的”，她还说“有个同学不肯买，于是被朋友嘲笑‘家里穷，买不起’……”看着女儿清亮的眸子，蔡妈很迷茫，一时不知如何应答。

这不由得让我想起了我上大学时的经历。

那时，我所在的大学校园里，很多同学都很喜欢某知名品牌的运动鞋。我们班某个寝室的四个女生中有三人都有这个品牌的鞋子，只有一个女生迟迟没买。室友的评价纷至沓来：“不就一双鞋吗？有那么困难吗？”这个女生迫于压力，赶紧买了一双。之后，四个人每天齐齐整整地一起出门。

另外一间寝室，四个女生中有三个女生学习不太用功，只有一个总去图书馆温习功课。这个总去图书馆学习的女生因此遭到其他三个女生的排挤。这个女孩当时跟我交流过：

“她们这样说我，我就放弃学习？我不会那么做。我自己知道我该做什么。”

以上两件事情，核心都是“同伴评价对我们的影响”。很显然，后面那个女孩面对负面评价，有比较强的抵御能力。“她们这样说我，我就放弃学习？”这是一种“反向思维”，对缓解同伴压力有比较好的效果。

我很赞同父母在孩子小时候就帮他建立“反向思维”的能力，这样可帮他抵御不良的同伴压力。具体来讲，我们可以这样进行：

第一，引导孩子正确识别来自别人的评价。

面对别人的评价，家长要引导孩子学会正确辨别，别人的哪些评价是出于好意，哪些又充满敌意。比如，不买名牌鞋子就是小气吗？我们要引导孩子反问一下自己：“我真的小气吗？难道别人说什么就是什么吗？”孩子有了独立思考的能力，就能做出正确的判断。

第二，尊重孩子“跟别人不一样”。

让“我不行”“我很差”“我怕”见鬼去吧！我们不应该活在别人的评价中，我们不能将别人的口舌当成牵制我们发展和成长的障碍。我们要支持孩子，他可以和别人不一样。

“不一样”不代表我们不好，而是代表我们有专属于自己的闪光点和魅力，这也是“反向思维”的结果。别家孩子都画蓝色的天空，我们的孩子画了紫色的天空，有何不可？家长要及时发现孩子与众不同的特质，并且给予正向评价。从小在正向评价中长大的孩子，更容易形成独立思考的能力，更不容易受不良的同伴压力的影响。

教养工具4：不要把同辈压力“传染”给孩子

看到这里，你是否已经意识到，其实我们大人何尝不是时时面临着同伴压力（或者叫同辈压力更合适）？朋友换了什么车，同事买了什么包，亲戚家住多大面积的房子，隔壁家给孩子报了几个课外班……我们中的很多人都会为这些事纠结、焦虑。曾几何时，我们也怕被评价、被边缘化、被拒绝、被挑战……所以选择低头、盲从、妥协……

在日常生活中，我们是否不知不觉把同辈压力“传染”给了孩子？或者说，在孩子感受到同伴压力时，我们是否会比孩子更快妥协和让步？比如，“哎呀，别人都这么说你了，别坚持了！”“怎么就你头上出角？”“他们都这么做了，你要跟上啊！”等等。

我想，那些深受同辈压力影响的家长都该补补课：正视自己的软弱，增强自己的力量，选择自己的朋友圈，真实地活成孩子的榜样。

实际上，我们不应该拒绝同伴压力，这本身也无法避免。但我们可以选择，我们可以把它的影响力变成我们前进的动力。

《相约星期二》是我很喜欢的一本书。书中的社会心理学教授莫里说，如果你对当下的文化不认同，那么就要建立属于自己的文化；身份和地位，往往使我们感到无所适从；拥有一颗坦诚的心，方能使我们悠然地面对整个世界。

回到“同伴压力”的话题，我对莫里这句话的理解是：如果我们不认同别人的价值系统，那么就要努力建立属于自己的价值系统，这是自信的根基，是力量的源泉，是自己坦然面对生活最好的武器。有了这样的武器，即使面对不良的同伴压力，孩子也可以从容化解。

第8章

教孩子学会“良性比较”，未来才能正向竞争

启示录：

学前竞争被疯狂开发，别中了“赢在起跑线”的毒

2017年5月，一个网友在微博上说，某地某实验学校幼升小面试过程中，同事家的孩子面试失利，于是同事决定让孩子复读一年，下一年接着考。

这条消息在网上引发无数转发和讨论。有些网友表示震惊：“让幼儿园的孩子复读？疯了吧。”有些网友表示同情：“竞争太激烈了！孩子受苦了。”更有网友道出“真相”：“家长完全被‘不要输在起跑线上’洗脑了。”

这则消息的真实性如何，结果又如何，都不得而知。我们从中多多少少可看到现在的家长对孩子的教育是多么焦虑！

热播剧《虎妈猫爸》中赵薇饰演的虎妈，为了让女儿上

重点小学，硬生生让女儿晚上了一年学。

写到这里，我不禁想到了我曾经看过的一部纪录片。这部纪录片名叫《没有起跑线？》。

很多妈妈看过纪录片之后，直言“被吓哭”：原来我们所说的“赢在起跑线”早已过时了，现在拼的是“赢在子宫里”。

在纪录片中，孩子从呱呱坠地开始，就要面对充满无限挑战的人生：每天去两家幼儿园上课；同时学几门语言；每天放学后还要上编程课，或跟教练学游泳；每天晚上做功课到22点……

纪录片里被采访的小朋友都很有“竞争意识”，比如他们说：“如果你不进步就是退步。”“我的压力是自己给自己的。”“我看到很多不同的人，他们都很厉害，我也要上一个台阶。”

纪录片里的妈妈很疯狂，现实中的妈妈也不甘示弱。2019年12月，全国15万个孩子报考某英语考试。媒体称“这是目前无数小学家长趋之若鹜的考试”。该考试报名费是400多元，但实在太难报名了，很多家长不得不通过黄牛，花数千元为孩子报名。

以上种种无不是“过度竞争”的结果。家长希望孩子起跑得比同龄人更早。因此，相当一部分家长铆足了劲儿，把孩子从小当作“精英”来培养。

纪录片《没有起跑线？》里有句话道出了现实的无奈：“孩子的比赛，父母的战场。你不爱竞争，竞争还是会找到你！”

诚然，孩子自降生开始，就被迫踏上了竞争之路。竞争也确实是人类生存的自然法则。比如，古罗马诗人奥维德曾说过：“一匹马如果没有另一匹马紧紧追赶着它，就永远不会疾驰飞奔！”

应该说，适度激发孩子的竞争天性，有助于挖掘孩子潜在的能力。但面对愈演愈烈的过度的竞争，家长一定要保持清醒的头脑，带领孩子正确认识竞争、体验竞争，而不是被竞争裹挟着被动前进。

教养工具1：

在竞争中求合作，发展孩子的合作意识

我们一起来看一则小故事：

两个人面对面坐在一个房间，每人面前各有一碗鲜美的

汤和一个手柄比他们的手臂还长的汤勺。如果让这两个人用手里的汤勺喝他们面前碗里的汤，他们应该怎么做？答案是，他们必须合作，分别用自己面前的长汤勺喂对方喝汤。

这个小故事寓意很明显，比起盲目的竞争，充满智慧的合作更为重要。

作为孩子的第一任老师，家长有必要让孩子在同伴环境里，正确认识竞争的意义——在合作中体验竞争。这才是有远见的教育。

动词“竞争”的英文是“compete”，它的本义是“为了某个目标共同努力”。很多时候，我们只有学会与人精诚合作，才有可能在竞争中胜出。

闻名世界的“篮球之神”乔丹，曾经带领芝加哥公牛队，拿到了6个NBA（美国职业篮球联赛）总冠军。

公牛队的成功之路并不是一帆风顺的。公牛队曾经的主教练道格·柯林斯执教期间制订的战术方案基本围绕乔丹展开，其他队友基本都是陪衬。这样做的弊端是，公牛队成了乔丹一个人的球队，无论他个人得到多高的分数，球队都难以取得好成绩。

后来球队更换教练，又陆续引入优质球员。在队员们的精诚合作之下，公牛队终于在NBA所向披靡，大放异彩。

著名脑科学专家洪兰老师在某次演讲中讲过一个故事，也印证了“合作能力”的重要性。

有一次，哈佛大学的考官到我国台湾省面试学生。有两个学生，SAT考试成绩差不多，各方面能力也不相上下。但是这两个学生中只能录取一个，考官一时难以取舍。

最后，考官问了一个问题：“你最喜欢的运动是什么？”一个答：“慢跑。”一个答：“打篮球。”最终，考官录取了爱打篮球的那个学生，可能是考虑到他们更需要一个能和团队一起工作的人。

另外一个例子来自强尼教授。他供职于美国常春藤联盟名校之一——达特茅斯学院，从事教育心理学研究。有一次，他陪儿子去幼儿园面试。有个面试题目是，让在座的7个孩子一起合作把一张桌子抬到另一个地方。其中有一个孩子在抬桌子的过程中有点不知所措，没有动手，最终他被淘汰了。可见，合作能力十分重要！

那么，怎样培养孩子的合作能力呢？

第一，通过游戏培养孩子的合作能力。

奥地利心理学家阿德勒说，从孩子3岁起，就应该鼓励他多和其他孩子一起做游戏，以培养其合作精神。游戏是孩子认识世界最重要的方式。千万别小看孩子的“游戏”。游戏可培养孩子的竞争与合作的精神，还有助于孩子体能和情商等的发展。

我突然想到我小时候玩的很多集体游戏。比如，“老鹰抓小鸡”，不但考验“老鹰”的敏捷，也考验“母鸡”对情势的判断能力和领导能力，更考验“小鸡们”的灵活性和专注能力（大家只有聚精会神、步调一致，才不会被“吃”掉）。再比如，“两人绑脚跳（两个小朋友一组，把相邻的两只脚绑在一起跳跃，看哪一组最先到达终点）”，非常考验小朋友的配合能力和协调能力。

第二，通过玩具培养孩子的合作能力。

家长在给孩子挑选玩具时，要注意挑选一些“能够激励孩子合作意识的玩具”。这样的玩具可以让孩子和别的小朋友一起玩耍，可帮助孩子在玩耍中发展合作能力。

现在的孩子拥有的玩具比我们小时候多得多，这是有利条件。男孩子偏爱乐高、机器人等；女孩子偏爱各种玩偶和假装游戏。很多游戏都有助于孩子将自己代入游戏，进而发展合作能力。

我小时候在部队家属大院生活。我的玩具很简单，比如一根橡皮筋、几个沙包等。即使这样，我和小伙伴们也可以玩一整天。就是在这些“简陋”的玩具中，我们收获了合作意识，了解了配合要领，更建立了健康的竞争意识——在合作中的竞争。

第三，通过体育运动培养孩子的合作能力。

家长可以让孩子多参与需集体合作的体育项目，比如足球、篮球、排球、接力跑等，也可让孩子多参加各种社会团体，比如合唱团、舞蹈团、编程团等。

我们家米奇在小学阶段，曾经组织了一个“米奇橄榄球队”。球队有十来个小队员。家长们集资请了一个橄榄球教练，每周都会让孩子们练球。经过长期的练习，孩子们的球技有了很大的提高。同时，孩子们的竞争和合作意识也有了很大提高。孩子们深信，单枪匹马，盲目竞争，很难取得好成绩。

总之，我们要让孩子明白，每根手指固然有一定的力量，但它们只有紧握成一个拳头，才能爆发出更强大的能量。

教养工具2：

让孩子拥有正确的输赢观

想象一下，我们现在身处远古时代，男性每天成群结队外出打猎，女性则留下照看孩子、采集果实。我们每天都能打到猎物或采集到果实吗？当然不是。我们的祖先很清楚地知道，在“每天出去找吃的”这件事上，可能成功，也可能失败。所以，打到猎物，他们会很开心；打不到，他们也不会气馁，毕竟生活还得继续。我们总是在成功和失败的交替中前行。

在教育这件事上，很多人都犯了一个错误，就是“不准孩子输”。热播电视剧《小欢喜》里海清饰演的童文洁，经常把“考不上大学，这辈子就完了”这句话挂在嘴边。这并不夸张，很有代表性。我们身边这样的父母数不胜数。

我的一个受访者M姐，给我讲过一个她上大学时亲历的事件。她同宿舍的女孩小陆好胜心特别强，喜欢竞争，喜欢和别人比较。女孩婷婷大大咧咧，性格很好，学习也挺好。小陆一直把婷婷当作假想敌，处处想占上风。某次考试，小陆以3分之差排在婷婷之后。

紧接着，令人后怕的事情发生了。婷婷有天早晨起床后，发现从自己的暖水壶里倒出来的水，水面上漂着很多泡沫，一闻——都是洗洁精的味道。后来，迫于压力，同寝室的小陆终于承认，是她所为。小陆说不能接受自己输给婷婷，所以出此下策，就是想“捉弄捉弄她”。

时隔多年，当看到“上海某名校学子林某某在饮水机下毒，毒死同学黄某”的新闻时，我这位受访者立即联想到当年的经历，心有余悸。

小陆有能力，有好胜心，但是她最终“输”在了“不能输”这个症结上。

家长要多让孩子做“输赢练习”，比如打牌、下棋、跑步、跳绳等。家长更要鼓励孩子多多参与集体游戏，尤其是“输赢分明”的游戏。

有些家长会在某些游戏活动中，故意让孩子赢。其实，这是非常不恰当的做法。孩子只有在一次次跌倒、爬起的过程中，才能逐渐悟出一个道理：输和赢都是家常便饭。家长进而可以引导孩子思考：只要善于总结，下一次一定会多一分赢的把握，所以不要怕失败！

如何帮孩子总结输赢？我们来看一下美国杰出心理学家卡罗尔·德韦克在《终身成长》这本书里写的一个案例。

9岁的伊丽莎白非常喜欢体操。第一次参加体操运动会时，她虽然有点儿紧张，但仍正常发挥，取得了很好的成绩。她也真心觉得自己的所有动作都完成得很好。遗憾的是，后来几个女孩轮番登场后，排名发生了巨大改变，她最终一无所获。

面对沮丧的孩子，如果你是伊丽莎白的父母，你会怎么做？告诉她，你认为她是最棒的？安慰她，体操其实没那么重要？鼓励她，相信她下一次肯定能赢？这都不是正确做法。

正确的做法是：真诚地告诉她，她输在了哪里。

下面是伊丽莎白父亲的原话："伊丽莎白，我知道你的感受。你对比赛寄予了如此大的希望，而且拿出了自己最好的表现，但是依然没能赢，你一定感到很失望。但是你要知道，你并没有付出100%的努力。据我所知，很多女孩每天训练的时间都比你长，她们比你更努力。"

父亲还告诉伊丽莎白，如果她只是把体操当业余爱好，那就不必在乎输赢，享受就好，但如果她想在比赛中有所成就，那就必须付出更多。伊丽莎白记住了父亲的话，之后花了更多时间和精力在训练上。在接下来的一次比赛中，她赢得了5个个人项目的冠军，并夺得了总冠军。

输了并不可怕，重要的是我们能正视失败，并能从失败中总结经验教训。所以，保持良好的心态，把“输赢”看作家常便饭，并且善于从失败中总结经验教训，这才是健康的输赢观。

教养工具3：
引导孩子把“自己”当作竞争对象

海明威有句名言——我特别喜欢——“真正的高贵，不是优于别人，而是优于过去的自己。”这句话揭示了竞争的最高境界：和自己竞争。

在育儿过程中，我们如何引导孩子把“自己”当作竞争对象呢？

第一，拒绝“横着看”。

热播剧《小欢喜》当中，黄磊饰演的方圆有一套“拒绝横着看”的智慧理论。这个智慧理论深得我心。有一次，得知儿子方一凡的考试成绩后，童文洁怒气冲冲，方圆却宽慰她：“你看孩子不能横着看，你要竖着看。”方圆认为，看孩子要看孩子是否比之前有进步，而不是拿孩子跟其他孩子比。

现实生活中，很多人看孩子时喜欢“横着看”，看的焦点基本就是考试成绩。究其原因，还是源于教育评价的单一性。殊不知，每个人都有自己的短板和长板。你拿自己孩子的短板和别人家孩子的长板比，这不科学。

第二，发现孩子的独特性。

关于独特性，复旦大学哲学博士陈果在她的著作中有一个很好的隐喻：只有当大家都是猴子，都要爬树的时候，才会出现竞争。如果你发现自己是条鱼，那么你要做的就是游泳，根本不需要去加入爬树者的竞争行列。只有当大家都要做苹果，都要比甜的时候，才有了竞争。如果你发现自己是一颗盐，那你好好咸着就是了，不必去变甜。

你的孩子是猴子还是鱼，是苹果还是盐？这需要你和他一起去探究——发现他的独特性，然后将其发扬光大。

第三，关心自己的标准。

村上春树从33岁开始练习长跑，一练就是几十年，每天坚持跑10公里，雷打不动。他在《当我谈跑步时，我谈些什么》这本书里，深刻地表达了“把自己当作竞争者”的观点，他用的方法其实很简单，就是“只关心自己的标准”。

“何时何地赢了别人也罢，输了也罢，却不太计较，倒是更关心能否达到自己设定的标准……我每日一面跑步，一面将目标的横杆一点点地提高，通过超越这高度来提高自己……我超越了昨天的自己，哪怕只是那么一丁点儿，才更为重要。在长跑中，如果说有什么必须战胜的对手，那就是过去的自己。”

所以，请告诉孩子：“只要你在拼搏的过程中付出了最大的努力，不断超越自己设定的标准，你就是胜利者。竞争中的输赢很多时候只是暂时的，但你在努力的过程中积攒下来的智慧和勇气，会让你受益终身。”

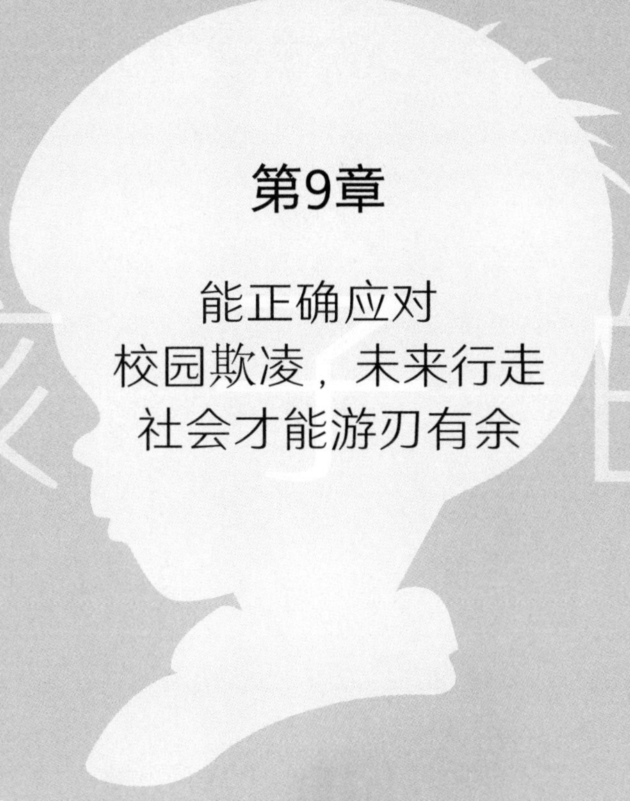

第9章

能正确应对
校园欺凌，未来行走
社会才能游刃有余

启示录：

7岁女孩眼睛被同学塞入纸片，算不算欺凌

据相关新闻报道，2019年，河南禹州的小女孩多多（化名）的眼睛时不时会冒出一些小纸片。一个多月的时间里，多多妈妈断断续续从女儿的眼睛里取出很多小纸片！之后，家人带多多到医院就诊。医生也从多多眼里取出了一些大小不一的小纸片。古人说："眼里容不得半粒沙。"眼睛里被塞进那么多纸片，光是想想都让人毛骨悚然。

经调查发现，这些纸片是三名男生强行塞到多多眼睛里的。更可气的是，校长开始时对此淡定回应："七八岁的小孩，他们并没有什么恶意。"这句话让我不由得倒吸一口冷气。一校之长难道不知道这是赤裸裸的校园欺凌？

事实上，对于校园欺凌，学校的态度、老师的态度，至关重要。你若看过电影《奇迹男孩》，想必会对其中正直、温和的图什曼校长印象深刻。电影主人公奥吉是一个脸部畸形的男孩。家境优越的学生朱利安总是嘲弄他、疏远他、奚落他，甚至把他从班级的集体照里PS掉了。奥吉的好朋友杰克忍无可忍，把朱利安狠狠揍了一顿。

如果这一幕发生在现实生活中，学校会如何处理？到底是谁在实施欺凌？学校会不会把“板子”全打在杰克身上呢？图什曼校长在写给杰克的信中写道：打人是不可接受的，但我知道友情值得捍卫。

杰克得到的“处罚”，是停课一段时间。而校长随后与朱利安的父母进行了一段不那么愉快的对话，他说：“在这个学校，我们认为欺凌是很严重的行为。朱利安的行为是绝对不能容忍的。奥吉不能改变他的相貌，但我们可以改变我们看待他的态度。”

注意，朱利安并没有打人，但校长给他的行为的定性是“欺凌”。

现实生活中，“校园欺凌”其实并不少见。2019年的高票房电影《少年的你》，几乎全景式再现了校园欺凌的社会现象。从倒红墨水在同学凳子上，到放学后的围殴；从体育课上用排球打人，到楼梯间的故意推人；从公然在街道上追打，到剥掉女生校服录制裸身视频……逐步升级的校园暴力，令人不忍细看。

很多观众看电影时默默流泪，借着电影回忆自己遭遇欺凌或见证欺凌的经历。

校园欺凌有以下几个特点：一、欺凌行为不仅仅是指严重的肢体暴力行为，还包括言语攻击、人际交往中的孤立和排挤等。二、欺凌行为常常是持续不断地存在的。三、欺凌者比起被欺凌者，在年龄、力量或地位等方面更有优势，他们要么是一个群体，要么是受某种力量的庇护或纵容。

校园欺凌并非只发生在校园，它也不是简单的社会现象。凡是喜欢欺凌的孩子，追根溯源，从小接受的教育或多或少存在某种缺陷。

此外，在应试教育的巨大压力下，甚至有少数老师也不自觉地成了“校园欺凌”的帮凶。有些老师由于种种原因，区别对待学生，无形中给了一些学生特权，继而导致了校园欺凌的发生。甚至，有些老师本身就是欺凌行为的示范者。各种形式的体罚，其实就是老师对学生的欺凌。

惯于息事宁人的校方也是帮凶。当欺凌出现的时候，我们经常看到，有些学校没有及时对受害者做心理疏导，也没有对施害者给予应有的惩罚，反而常常用“是同学间的玩笑”“学生还未成年，不懂事”等理由来模糊事实、推脱责任。为了学校所谓的“名声”，有多少欺凌都被“内部消化”了？我们有必要对此做一个反思。每一个孩子都应该被温柔以待。

总之，欺凌绝不只是几个孩子之间的事。如果家庭教育、学校教育不把人身安全和人格尊严置于成绩之上，校园欺凌就难以减少，更不要说杜绝。

我们做父母的，既要防止孩子成为施害者，更要让孩子尽早学会如何应对随时可能出现的欺凌。

教养工具1：“望、问、演、决”，四招预防或发现欺凌

校园欺凌几乎是全世界的学校每天都在面临的问题，不仅仅发生在高年级的学生之间，在小学甚至幼儿园的孩子

之间也很常见。来自美国的相关教育机构的研究报告指出，64%的孩子被欺凌后，并没有告诉其他人；只有36%的孩子在事后选择告诉他人。中国青少年研究中心的相关数据也显示，52.6%的学生在学校被欺凌后选择不求助。

孩子在遭遇欺凌后之所以不愿意告诉家长或老师，原因无非这几个：第一，感到很羞耻，没勇气说出来；第二，害怕家长责备甚至打骂；第三，怕家长出面后，招致施暴者变本加厉的欺负。

如何发现孩子遭遇了欺凌？我结合儿子米奇和部分采访对象的经历，摸索出了一些方法，下面和大家分享一下。

我家米奇在读小学的时候，有一次被同年级其他班的一个男生掐住脖子，差点被推倒在楼梯口。如果米奇当时滚下楼梯，他可能会受很严重的伤。

第一步，“望”。当天吃晚饭时，我和米爸发现米奇神色异常，情绪低落，就互相用眼神交流了一下。

第二步，“问”。晚饭后，我来到米奇的卧室，看见他斜躺在沙发上发呆。我走过去，蹲下来，看着他的眼睛，问他：“今天在学校遇到什么事了吗？”他一五一十地把白天的事情告诉了我。

第三步："演"。听闻此事，我吓出一身冷汗。我让他扮演那个同学，我来演他。我们一起还原当时的场景。米奇开始有点犹豫，在我的鼓励下，终于大着胆子用手狠狠地卡住我的脖子，把我往墙角推。角色扮演是一种心理疗法，可以让人更好地了解问题的症结所在，进而让受害方调整心理状态。

第四步："决"。决，这里指解决、处理。角色扮演完毕后，我深吸了一口气，但仍尽量控制自己的心情。当晚，我和米爸先不动声色地安慰好米奇，告诉他别怕，有爸爸妈妈在；随后回我们的卧室，赶紧商议对策。

通过角色扮演，我判断这个掐脖子的动作完全不是男生之间的推搡打闹，因此我们决定介入。第二天一早，我们通过学校请来了那位男生的家长。那是位单亲妈妈，她承认自家孩子最近的确行为异常。她的态度很诚恳，表示会好好教育孩子。最终，这件事得到妥善解决。

以上所讲的"望、问、演、决"四步法，比较适合小学、中学阶段的孩子。对于年龄再小一点儿的孩子，我们可以用他喜欢的玩偶，和他一起还原他在外的遭遇。利用玩偶的好处是，第一可增加趣味性，第二能让孩子更放松地表达。

如果孩子有以下的情况，你要确认一下他是否遭遇了欺凌：孩子身上有不明原因的伤痕；开始厌食或暴饮暴食；睡不着，经常做噩梦；不想上学；不想和人交往；想法消极，越来越自卑；离家出走；自残；常谈论与自杀相关的话题；等等。

世界各地的研究还发现，有以下特征的孩子，通常更容易被欺凌：有某方面的生理缺陷、过胖、过瘦、家境较差等。

日常生活中，家长要多留意孩子的变化，多跟孩子沟通。如果孩子不愿意说，不要强迫。我们可以让孩子的朋友或其他长辈帮忙沟通。要注意的是，父母在孩子遭遇欺凌后，情绪一定不要太激动。你是孩子的“避风港”，如果你这里骤起风暴，孩子何处藏身？

教养工具2：

做好“预演教育”，帮孩子正确应对欺凌

任何社会都是复杂的。让孩子以为我们生活的社会如同幻想中的童话世界，是不负责任的教育。作为家长，我们必

须让孩子在善良的内心外，披上坚固的铠甲。

关于处理人际关系，我和米爸经常对米奇说的一句话是：没事不惹事，有事不怕事。中国人民公安大学的李玫瑾教授，也有类似的观点。我们要告诉孩子，被欺负了，不要害怕，要机智应对，适时反抗。

为什么被欺负了要适当反抗呢？被欺负了如果不吭声，那些欺凌者就会一而再再而三地欺负我们。孩子和大人一样，一旦失去敬畏心，就会肆无忌惮、无法无天。

所以，面对欺凌，以反抗者的姿态出击是最好的应对策略。即使我们平时比较内向、不善言辞，也要表现出“我不是那么好惹的”这种气场。一般来讲，欺凌者的心态就是欺软怕硬。

有些家长在得知自家孩子被同学欺负后，不分青红皂白，第一时间就直接去找对方或对方的家长理论。这也不可取，因为效果往往不太好。最妥当的方式，是寻求第三方的介入。对于发生在校内的事，我们可向学校和老师求助，校方出面沟通处置相对更合适。欺凌如果发生在校外，我们可以报警。

另外，孩子在校的大部分时间是没有父母陪伴的。我们不能随时保护孩子。最现实的办法就是通过“预演”，把应对欺凌的方法事先教给孩子，帮孩子建立应对欺凌的勇气。这也许比事后出面帮孩子解决问题更现实。

具体可以这样做：

第一，经常“考问”孩子。

比如，家长可以经常问问孩子：“那些喜欢欺负别人的同学，一般会说什么、做什么？如果他对你这样，你打算怎么应对？”然后和孩子一起开动脑筋，多想几种应对方法，比如劝说、警告、求助老师或同伴等。这个做法可为孩子正确处理校园欺凌奠定良好的心理基础。

第二，鼓励孩子多交朋友。

我们还可以鼓励孩子在学校里多结交朋友，因为经常一个人独来独往，比较容易被欺负。如果能交上几个好朋友，总是和别人一走同进同出校园，孩子被欺负的可能性会降低很多。

第三，亲子预演。

父母在平时可以带着孩子把那些常见的欺凌情形通过角色扮演的方式演示一下，然后让孩子从中亲身总结应对校园欺凌的方法。别小看孩子的智慧和勇气。多次练习后，他心里就有底了，自然而然会根据实际情况自行变通，从而变得更勇敢、更坚强。

我家米奇看上去有点儿柔弱，上小学时遇到过几次欺凌。米爸后来教给米奇一个简易的防身术。米奇在家里预演过好几次。当然，这个方法可能相对更适合男生。具体做法如下：

第一步：用眼睛直视对方，同时语气坚定地警告："你干什么？请你不要……你再……我就不客气了！"（要诀：眼睛一定要勇敢直视对方。）

第二步（如果对方动手了）：找机会握住对方的手臂或手腕，使出吃奶的力气暗暗和对方较劲，以此不动声色地警告对方！这种方式动静不大，但威力不小。（要诀：用力握住对方就可以了。）

第三步：以德服人，主动示好。比如："你这样做有意思吗？我们还是做朋友吧。"（要诀：多个朋友总比多个敌人好。）

在教孩子"预演防身术"的同时，我们要告诉他："被欺负时我们要反击，但在反击时不要伤到别人。"这也是一个学习的过程。孩子会学到"如何合理地捍卫自己的权利"。

有一次，米奇在放学回家的路上，一位同学传话给他："明天隔壁班的某某某放话要收拾你！"

我们有点儿担心，但他淡定地说，他在回家的路上就想好了几条对策：

一、先礼后兵。劝说对方不要打架，否则学校一定会处罚他，对他没好处。

二、警告无效的话，他会和好朋友一起进出校园。必要的时候，他会用爸爸教他的防身术。

三、如果以上两条都不行，他会找大人帮忙。

米奇第二天放学回家，我连忙问他发生什么事没。他说："那个欺软怕硬的家伙，一直都没敢靠近我，中午在楼梯口看到我，很快就逃开了。大概是我的气场比较大吧！"

你看，作为家长，最重要的未必是"拔刀相助"，而是做好"预防教育"，然后坚定地给孩子心理暗示："在欺凌中，错的是对方，不是你。没有人可以贬低你，更没有人可以欺负你。爸爸妈妈是你坚实的后盾。"

教养工具3：

练好身体，积蓄身体和精神力量

对孩子而言，防止被欺凌的根本，是让自己变强大。孩子变强大后，遭遇欺凌的可能性就小了，即使遭遇欺凌，也有能力捍卫自身的安全。

从生理的角度看，孩子变强大的方法很简单，比如通过体育锻炼，练好身体，多练一点儿肌肉出来。身体强壮了，孩子就不会轻易地被人欺负了。

我从某本书上看到过这样一个小故事，下面和大家分享一下。美国有个名叫米拉·比斯特的小女孩，9岁时身高1.2米，体重48斤。那时，很多同学欺负她，比如骂她、推她、扯她的头发等。

为了让自己不再被欺负，米拉决定反抗。那以后，她在父亲的带领下，坚持体能训练，每天训练4小时，即使受伤，也不放弃。最后她竟完成了全美90%成年人都不能完成的极限挑战项目，比如58公里的马拉松长跑、8公里长距离游泳、25项障碍穿越等。

可想而知，过去那个瘦弱的小女生不见了，取而代之的是一个自信、强大、所向披靡的大女孩。自然而然，再也没人敢欺负她了。

难能可贵的是，米拉积极参加体能训练并不是想以暴制暴。比起报复那些曾经欺负过她的人，她觉得自己拥有反抗的意识才是最重要的。谈起自己曾经遭遇的那些欺凌时，她只是淡淡地说："我想树立一个榜样，让别的孩子看到，我们都能做到自己想做的事，成为自己想要成为的人。"

的确，很多孩子容易被欺凌，很大一部分原因是因为看上去比较瘦弱。为了避免孩子沦为被欺凌的对象，父母最好和孩子一起长期坚持练习一两个体育项目。总的来说，目前大部分孩子在学校的体育锻炼的量是不够的。在我看来，孩子有持续的体育运动，可以让孩子真实地感知自己的身体力量，并储蓄精神力量。如果没有强壮的体格和强大的精神气质，孩子很容易成为欺凌者的目标。

最后，关于欺凌，我还想着重讲两点：

第一，每个实施欺凌的孩子，背后都站着一对教养责任缺失的父母（甚至还有老师）。这些别人眼中的"坏孩子"何尝不是家庭教育和学校教育的受害者？我们不能让自己的孩子成为被欺凌者，我们也不能让我们的孩子成为欺凌者。

第二，如果孩子小小年纪就开始迷恋暴力、强权，那长大后就极有可能犯罪。这是我们必须深刻思考的课题。让我们将更多精力放在这一课题上，尽我们所能预防校园欺凌的发生，甚至杜绝校园欺凌的发生。

培养孩子的社会情商

第10章

恰到好处的性教育，奠定孩子一生的幸福

启示录：

00后女孩发布“堕胎日记”，父母去哪儿了

一次，我在上网时看到这样一个帖子：一个大一女孩，匿名发布了一篇详细的“堕胎日记”。这个帖子引来大量网友围观、评论。后来，作者将这个帖子删除了。

女孩在所谓的“堕胎日记”里详细描述了自己堕胎前后的经历，语言轻佻，态度冷漠。看完帖子，耿直的我怒了，立即在自己的公众号上发表了一篇文章——主题是“没有正确的性观念，对孩子来讲是一场灾难”。

姑娘在帖子里写道，她和男友日常的避孕方式就是吃避孕药。而这一次之所以会怀孕，是因为她害怕吃药过多导致月经紊乱，所以甘愿冒“中招”的风险。对于这一次“中

招”，她这样自嘲：“脑袋被门挤了。”她原以为——“就那么一次，肯定不会有事的。”

我必须毫不客气地说：“这种侥幸心理，不仅是不爱护身体的表现，更是无知、愚蠢的表现。”

姑娘还在帖子里详细描述了堕胎后的感受。我虽没有这方面的经验，但同为女性，看完以后，心生生地疼。读了12年的书，居然不懂堕胎的危害，是无知还是无畏？

我从医学角度再普及一下：一般来说，年龄不超过20岁的女孩，身体还没有完全发育成熟，如果这个时候堕胎，对身体的危害极大，以后患妇科病的概率要比一般女性大好多。另外，堕胎可能引发子宫穿孔、腹膜炎等并发症，甚至导致死亡。

从心理方面说，堕胎手术可能引发一系列心理问题。

在帖子里，姑娘还描述道，她一直坚持吃药，因为男友从不戴套；她吃药会吐，男友会说她“作”。所有的一切，都是不对等的。这个姑娘对自己的性别价值没有正确的认识和评价，所以在她的这段亲密关系中才会有那么强的附属意识。

我看完这个帖子，很想问这个姑娘一个问题：“父母在哪儿？发生了这样的事情，你从头到尾都瞒着家人和同学，而且也基本没有缺课缺考。孩子啊，你以为人流手术就是一次感冒吗？”

我非常好奇这个姑娘来自怎样的家庭。从她的行为上看，无论是“不敢”告诉父母，还是“不想”告诉父母，我们至少可以这样判断，她的父母在对她的教育上是严重失职的！

我国台湾已故作家林奕含在她的《房思琪的初恋乐园》一书里写道：“思琪向妈妈抱怨家教中性教育的缺失，妈妈却诧异地反驳：‘性教育只是给那些需要性的人。’思琪绝望地恍然大悟：‘在性教育这堂课中，父母将永远缺席，他们旷课了，却自以为还没开学。’”

心理学家阿德勒说，个体生存不可逃避的三个基本问题是人与他人的关系、人与职业的关系以及人与异性的关系。人是社会的存在。我相信，多数家长都很关注孩子的价值观、是非观，但是有多少家长会关心孩子的异性观？这个最容易被忽视的课题，恰恰关乎一个人一生的幸福。

对于孩子来说，在童年时期养成正确的异性观或者说性观念，无论对于他当下的社会性发展，还是对于他未来和异性、伴侣的相处，都具有非常重要的意义。

教养工具1：

教育孩子认可“男女具有同等价值”

阿德勒曾说，无论东方国家还是西方国家，我们的文明明显更有利于男性，并且赞成他们拥有某些特权。这对男孩和女孩都会产生不利影响：女孩的发展可能因此受到限制；男孩则容易由此背负过多的期望，从而承受很大的压力。

帮孩子正确树立积极的异性观，第一点就是要教育孩子认可“男女具有同等的价值”。

孩子2岁左右，开始有性别意识。家长这时就要逐渐让孩子了解男性、女性之间的差异，并且要明确告诉孩子，男性和女性具有同等价值。

为什么我们经常看到有些男孩有女孩心理和行为，有些女孩有男孩心理和行为？根源就是家长没有在孩子儿时给予明确的性别教育，比如把男孩当女孩养、把女孩当男孩养等，以致孩子混淆了性别概念。

我们还要警惕一种现象。日常生活中，在和孩子相处时，不仅很多父亲可能有意无意地向孩子展示自己作为男性的优越感，很多母亲（或家族里的其他女性）也会把男性优越视为理所应当。这是不对的。

我的受访者K姐，是两个孩子的妈妈。她毕业于名校，研究生学历，目前在某大型企业任职。7年前，她头胎生的是女儿。当时，她的婆婆几乎没照顾过她一天，还放话说："如果二胎是男孩，我就过来带。"K姐铆足了劲儿，一直努力受孕，甚至不惜暂停工作调养身体，终于如愿以偿。她的婆婆闻讯，立即动身，从老家千里迢迢赶来帮她带孩子。

K姐的几个老同学前来看她，看到令人感慨的场景：K姐的婆婆自始至终紧抱孙子，对刚出月子的K姐表现冷淡，还指挥K姐7岁的女儿做这做那。

我们可以试着分析一下，这样的家庭环境对K姐的婚姻和她的儿女会有怎样的影响？在重男轻女、男女价值不平等的家庭氛围里，K姐估计很难和爱人有互相尊重的婚姻关系；她的女儿也会因为自己时时处处被区别对待，滋生心理问题；她儿子呢？从小被过分宠爱，很容易长成一个任性、自私的人。

下面这个例子，也是反面教材。2018年7月，一个年轻女子在上海某游乐场被一个8岁左右的小男孩摸了臀部。女子便说了男孩几句，不料引来一白衣女子的叫嚣：“碰到了就碰到了，你叫喊啥……”接着，与白衣女子同行的黑衣女子捡起地上的帽子，恶狠狠地往年轻女子头上打。

工作人员连忙赶到现场调解。面对年轻女子的哭诉，白衣女子和黑衣女子都非常不屑地认为，孩子碰了年轻女子一下没什么。工作人员疏散人群后，白衣女子和黑衣女子仍然不依不饶。

你有没有发现？整个事件里，黑衣女子和白衣女子两人的过激言行实际都在践踏女性价值。女人何苦为难女人？这是一种悲哀！

教养工具2：
教孩子识别和处理“性陷阱”

我们除了要教育孩子认可男女具有同等价值以外，还要做一件十分重要的事，那就是要注意培养孩子遭遇“性陷阱”时的应对能力。

何谓“性陷阱”？我的理解是，一些不怀好意的人，精心设计一个场景，猥亵他人，或引诱、胁迫他人与其发生性关系。

为了防患于未然，我恳请家长，从孩子小时候起就要培养他们对“性陷阱”的鉴别能力和应对能力。怎么做?

第一，教孩子学会果断拒绝。

我们要让孩子知道，如果有人强迫他做他不愿意做的事，不能沉默，而是要大声、果断、强硬地拒绝，必要时可以呼喊，也可以奋力推开对方，伺机逃跑。下面这个案例中的女孩做得很棒。

2016年5月，上海闵行区一个商场发生惊魂一幕。一个7岁女孩独自上厕所出来后，被一名看上去有二三十岁的男子拖进了一旁的楼道。女孩非常机灵，果断抗拒。女孩的哭喊声更是引来路人的围观。在大家的帮助下，女孩幸运地逃脱。

遇到侵害，第一时间果断拒绝，能有效阻止坏人进一步作恶。否则，半推半就的抗拒、沉默不语、小声哭泣等应对方式，只会纵容坏人实施下一步行动。

第二，让孩子学点防身术。

防身术可以说是孩子行走世界的“隐形武器”，可使孩子在心理上和精神上时时都有十足的自我保护的底气。有了这把利器，当遇到恶人时，孩子会让自己的身体迅速进入抵抗状态，有效保护自己。没有经过防身术训练的孩子，遇到来自坏人的侵害时，脑袋容易一片空白，错失保护自己的时机，从而变成待宰的羔羊。所以，我们要让孩子从小学点防身术。

第三，警惕熟人的“权力迷惑”。

相关调查研究显示，将近90%的未成年性侵事件的施害者都是熟人。

我的一位受访者高姐，回忆起20年前她亲历的性侵事件，至今仍心有余悸。

大学一年级下学期期末考试后，高姐的导师通知她有门课考试没及格，要她去宿舍面谈。高姐忐忑不安地来到导师宿舍。在交谈的过程中，导师莫名其妙地摸了一下高姐的头，然后把手放到了高姐的大腿上。高姐意识到好像有什么不对，开始大哭。导师一边安慰她，一边继续……嘴里还说“老师很喜欢你”。幸好这时有人敲门，导师才停了下来。高姐记得导师当时居然问她：“你说吧，你想要多少分？”

高姐趁机逃出来后，在校园的一个角落痛哭了一场，并不断问自己："他为什么这样对我，是不是我做错了什么？"她回家后把身体洗了许多遍，还是觉得特别有羞耻感。

高姐说，虽然时隔20年，但是她对这段遭遇仍然记忆犹新。她花了很多很多年，才慢慢治愈了心里的伤。她后悔的是，当时迫于许多压力，她不敢举报。她常想，到底还有多少女生也曾有过类似的遭遇？细思极恐！

所以，我们要教会孩子不仅要警惕来自陌生人的伤害，更要注意来自熟人的侵害。

第四，家长要时刻保持敏感。

一次，我的另一位受访者何姐和我讲了一件事情。这件事情说明性侵隐患其实随时都在我们身边，绝对不容忽视。

何姐的女儿8岁时，她给女儿报了一个轮滑班。有一次她去接女儿，看到女儿坐在一个二十几岁的男老师的大腿上。她觉得非常不妥，立即上前把女儿抱了起来。随后，她当着老师的面，对女儿说："宝贝，你不能坐在老师身上。老师喜欢你，和你握握手，或拍拍你的肩就可以了！"

之后，何姐果断退掉了轮滑班。"因为我没法随时待在女儿身边。在这方面，我宁可错杀一万，也不能放过一个。"她说。何姐的做法不无道理。家长不重视、不警惕，难道指望孩子自己天生就对这种事特别警惕？

另一位受访者钱姐有一次对我说，某天她偶然得知这样一件事：女儿有一次刚运动完，浑身是汗，女儿的奶奶直接在商场里脱掉了女儿的衣服（只剩内裤），给她换了一套干燥的衣服。钱姐立即和婆婆做了严肃的沟通："让孩子在公共场所这样换衣服，不妥。这会给孩子一种暗示，就是在任何场合都可以脱掉自己的衣服。"

日常生活中，家长多长个心眼，多观察孩子的状态，多了解孩子的活动轨迹和细节，才可能把孩子被侵犯的可能性无限度降低。

第五，千万别忽视男孩也可能被侵犯的现实。

男孩也可能被侵犯，这是不容忽视的现实。据相关研究，在美国，遭受性侵的女性选择不报案的人大约占75%，男性更是高达95.6%。有研究分析，无论遭受哪种方式的性侵，男性平均要花26年的时间才能走出性侵带来的阴影，能够勇敢说出自己的遭遇。

2012年6月，上海某中学多名97届毕业男生，在微博上实名举报该校物理老师张某某，曾多次以"检查身体"为由，猥亵他们。

有受害学生表示，这是“一件让我十分困扰的事”。他们大部分成为人父后，才意识到这件事的长远危害，于是鼓足勇气实名举报，希望引起全社会对此类问题的重视。

家有男孩的家长，千万别有“男孩不会吃亏”的心理。男孩被侵犯后，其心理伤害影响更加深远。他们容易产生屈辱感，容易自我否定，甚至对性的认识发生扭曲，成年后对性生活容易产生恐惧和厌恶。

如果不希望孩子将来遭遇“性陷阱”，父母必须趁早对孩子进行性教育，增强他们对“性陷阱”的判断能力和应对能力。

教养工具3：
孩子一生的幸福源自父母正确的婚姻观

正确的性教育，不仅要让孩子认可男性、女性的同等价值，教孩子识别和处理“性陷阱”，还有一个内容不容忽视——那就是要帮孩子树立正确的婚姻观。

家长们一定要明白，你和伴侣的相处模式，就是在给孩子做示范。这对孩子将来选择爱情、步入婚姻、获取人生的幸福感，将起到至关重要的榜样作用。

我父亲是部队的医生，经常早出晚归。在我小时候，他有段时间因为要到各个医院进修，经常周一早上出门，周五晚上才回家。在我关于儿时的记忆中，总有这样一个场景：周一一大早，我睡眼蒙眬，看到母亲在帮父亲扣风衣领口的扣子，嘴里还轻声说着“路上小心、注意休息”之类的话。这个画面一直定格在我的记忆中，特别美好。

父亲每次出差或进修回来，都会给母亲带礼物，有时是一把梳子，有时是一条丝巾。

前年，母亲做了视网膜手术，工作繁忙的父亲毅然推掉所有的工作和应酬，整整半年承包了所有家务。他是一个被母亲照顾惯了的人，之前很少进厨房。他对我说：“你妈给我烧了一辈子的饭，我烧个一年半载算啥呀。”

父亲和母亲也会吵架，但是他们吵架听起来更像情侣间的拌嘴。现在他们已经六十几岁了，还是这样，一天不抬杠、不拌嘴，一天不舒服。每次听他们拌嘴，我都觉得好好笑。有时母亲真生气了，父亲就会用笑话或自嘲给自己找台阶，然后母亲也就扑哧笑了。

说实话，他们对我最大的教育，就是婚姻观的教育。他们在婚姻中呈现了男性和女性各自的优势和美好——男人像山，伟岸、担当；女人像水，温柔、包容。

在好的婚姻观的滋养下，孩子会树立正确的异性观，会更加认同自己的性别价值，从而获取足够的自信；择偶时也会以父母为榜样，寻觅和自己契合的另一半；更会在未来的婚姻中，与另一半互相理解、互相尊重。

总而言之，父母的相处模式，是孩子未来幸福力的源泉。孩子天生就会察言、观色、听音、读心，他们成年后，在恋爱、择偶、夫妻相处方面很容易复刻父母的相处模式。所以，我们一定要做好孩子的榜样。

医院，同时打电话跟单位报备，还通知了小成的父母。

奇怪的是，小成母亲接到电话时，语气并没有特别惊慌，她表示想跟儿子通个电话。在电话里，她只问了儿子一个关键信息：是否伤到眼球？她了解到小成只是眼角处受了点儿表皮伤，且只是擦伤，就嘱咐小成包扎好伤口后，自己打车回家休息。

这是亲妈吗？当然是。事后，小成跟我聊起她妈妈跟他说的悄悄话："儿子，我接到电话，就立即开车赶到医院，但是在大门口犹豫了一会儿，最后还是离开了。我的理智告诉我，你只是受了表皮伤，我没有必要特地过来看你。你已经是成年人了，妈妈相信这点儿伤不会打倒你。我何必去破坏这个有助于你长成男子汉的机会呢？"

听罢这番话，我暗暗赞赏：这是一位非常有界限感的妈妈。她知道，医院的大门就是她和儿子之间的界限。如果她跨进去，一个"妈宝男"也许就横空出世了；她退一步，一个男子汉也许就养成了。

我这还有个反面例子。有一次，我从网上看到一个故事，十分感慨，现在和大家分享一下。

一家公司的总经理某一天突然得知，一个员工的妈妈到公司来找他，并且放话说——不见到总经理不走。在这家公司的企业文化里，一般只有在员工出什么大事了的情况下，员工的家人才有可能造访公司。因此，总经理十分忐忑地接待了这个员工的妈妈。

这位员工的妈妈见到总经理后，先是把自己的女儿表扬了一番，然后表示希望公司给女儿涨工资，最好再给女儿一个部门主管的职位。看到总经理惊讶的神色，这个妈妈解释说："我女儿从小十分优秀，就是脸皮薄。这些要求，她说不出口……"

总经理目瞪口呆。在他的认知里，他无法相信一个母亲居然会插手自己孩子工作上的事。在这样没有界限的家庭中长大的孩子，能有什么担当，又能为公司做什么贡献呢？

结果，公司原本计划送这名员工去参加培训，最后临时换了其他人。这个妈妈本以为自己是女儿的好队友，但她万万没想到，自己的"越界养育"，生生断送了女儿的好前程。

现实生活中，很多人毫无界限感。比如，无论孩子多大，很多父母都想事事替孩子出头，以致孩子无法真正独立。

缺乏界限感的孩子长大后融入集体、社会时，会出现蛮

横、自私、过于自我的行为。周围的人会逐渐疏远他们。他们渐渐会失去自信，对他人也无法产生信任，甚至因此导致社交障碍。他们中的一些人，会因此形成“讨好型人格”。

孩子总有一天要长大，要接触社会。有远见的父母，会非常重视孩子的界限教育。这不是冷漠，不是无情，这是教养的真谛。界限是最基本的社交原则。孩子掌握了这个原则，以后在社会上无论是和同事、朋友相处，还是和亲密爱人相处，都会形成有界限的、和谐的相处模式：互相尊重，互不越界；互相理解，互不侵犯。也只有这样，孩子才能拥有高质量的人际关系。

教养工具1：
家长要尊重自己，这是为孩子立界限的基础

作家亨利·克劳德说：“明确的‘界限’是很重要的。它可以定义你是什么，或不是什么。”没有界限感的父母，眼里都是孩子。因为在这样的父母看来：孩子的事就是我的事，我自己的事都不是事。

不管在什么关系里，对每一个个体来讲，自重十分重要。我们若看不见自己，何谈尊重自己？而这，其实是确立界限的根基。

我一个受访者的奶奶，在养育孩子这件事上很“奇葩”。她的故事让我吃惊不已。90岁高龄的她，有8个子女，但她却一个人在乡下独居，精神矍铄，身体安康。逢年过节，一大家族的子子孙孙都会自发从全国各地往老家赶，围绕在老人身边。在养儿防老的传统思想下，这位高龄奶奶为何反其道而行之？

这位受访者说：“奶奶拒绝了所有子女的照顾。她生性自由、独立，不喜欢依靠子女，更不喜欢插手子女的家务事。说来奇怪，她越是独立，我们越是爱她，一放假我们大家都喜欢往老家跑。奶奶就像磁铁一样吸引着我们。我们都会带礼物给她。我们把她当孩子一样宠爱。”这个受访者骄傲地补充道，奶奶的8个子女全都家庭和睦、事业有成，平时很少有家长里短之类的矛盾。

如此深谙养育子女的界限意识，这种远见真是碾轧当下不少父母。

再来看一下那些界限感差的家长，我们会发现，他们常常忽略自己的感受，常常“自我牺牲”。教育家马卡连柯曾说：“一切都给孩子，牺牲一切，甚至牺牲自己的幸福，这是父母给孩子最可怕的礼物。”

其实，孩子2岁以后，妈妈就要学会给自己留专属的空间和时间。

比如，一位妈妈，自己下班回家后，明明很累了，孩子催她帮忙完成学校布置的手工作业，她二话不说就做起来了。其实她完全可以跟孩子说：“妈妈现在很累了，等我吃过晚饭，休息一下，再和你一起完成好吗？”如果孩子不肯，她只需要平静地告诉他：“妈妈累了，妈妈需要休息一下。”

再比如，孩子经常会在父母做事情的时候来找大人玩，如果大人不答应他，他会哭闹。其实处理这样的事情比较简单。我们可以给孩子制作一张“父母时间表”，在表上把父母的休闲时间用红笔勾出来，然后请孩子在这些时间内找大人玩。

这样做的好处，除了可让孩子形成规律的生活，更重要的是可向孩子“宣布”——每一个人都应尊重和爱惜自己的时间。我们一定要坚定地实施界限教育，孩子会逐渐意识到界限的重要性。

父母尊重自己，是为自己立界限的起点，也是为孩子确立界限的基础。尊重自己，还可以从觉察、重视自己的感受开始。比如，我们不妨经常这样问问自己：

“我经常感到快乐、好奇或惊喜吗？”

“我愿意了解新知识、发展新兴趣、保持活力吗？”

“我和同事、家人及朋友关系如何？我对这些关系满意吗？”

“我有办法放松自己、和自己对话吗？”

“如果遇到违背我意愿的事，我会拒绝吗？”

……

如果你经常问自己以上问题，刻意练习“尊重自己”，时间长了，你就会慢慢“看见”你自己，感受到你自己的需求和存在。在这个基础上，你和孩子在互动时，才会逐步意识到你们相处的边界在哪里。有了这样的基础，孩子就不容易挑战你的底线。结果是，你们的亲子关系会更和谐。

教养工具2：

“责权相等”法则，是确立界限的第一步

如果你过度关注孩子，插手、代办许多事，久而久之，孩子会觉得，自己的事就是爸妈的事。“有一种冷，叫妈妈觉得你冷。”“我要好好学习，学习使我妈快乐！”“我生娃，是因为我妈想带孙子。”类似这样的调侃，很多人听完，表面上一笑了之，内心却翻江倒海。

儿童心理学家鲁道夫·德雷克斯和薇姬·索尔兹在《孩子：挑战》一书中明确指出：清晰和明确的界限，能给人安全感，让人清楚自己在社会结构中的位置和职责。我想，在教育孩子这件事上，家长如果打破界限，越俎代庖，可能会收获一个定位不清、不肯负责的孩子。

我们应该让孩子知道，每个人都有自己的人生使命。我们享受生而为人的权利，也必须为此承担相应的责任。比如，我们要告诉孩子：享有自己的独立空间是他的权利，那么打扫房间、保持卫生就是他的责任；享受弹琴带来的快乐是他的权利，那么刻苦练习、爱护乐器就是他的责任；享受

宠物带来的乐趣是他的权利，那么喂养、照顾宠物就是他的责任……

怎样让孩子理解“责权相等”？很简单，给他机会体验一件事情的“自然后果”。

举个例子。每天晚上，盯着孩子做作业，是每个有娃家庭“兵荒马乱”的时间。我家当初也不例外。记得米奇读小学二三年级的时候，我总是为一件事烦恼：每天晚上，都得催促米奇快点写作业，有时恨不得代他做作业。真可谓：“不写作业，母慈子孝；一写作业，鸡飞狗跳。”我在焦虑什么？对，怕他拖延，怕他写不完作业，怕他睡觉晚，怕他第二天被老师批评。

终于有一天，我意识到：孩子被批评、睡觉晚是我的事吗？显然不是。他每天都在享受我无微不至的照顾，为何不能承担及时做作业的责任？这违反了“责权相等”的法则。我们总是舍不得让孩子承担责任，不让他体验自己行为的“自然后果”，还美其名曰“我是为你好”，其实这恰恰错过了很好的教育时机。

我豁然开朗之后，解决这件事的办法就简单了，只要守住界限，管好嘴巴即可。记住，你要从内心真的认可这种做法，才能表现得从容淡定。

当天晚上，我和米爸各做各的事，没有催米奇一句。他这天晚上表现得很兴奋，看电视，画画，做手工，玩乐高，就是不写作业。等到晚上9点多，他虽也意识到作业一个字都没写，但他居然爬上床睡觉去了。

第二天放学回来，他果然耷拉着脑袋。很明显，他被老师狠狠地批评了。他嘟囔着说："妈妈，你干吗不提醒我做作业？"我坚决但温柔地告诉他："可是这不是妈妈的作业呀！妈妈的作业，是写文章。我每天晚上都在做呢……"

这天，他吃过晚饭，先是玩了一会儿，然后若有所思地想了想，就乖乖回到房间里做作业了。可是做了没多久，他又跑了出来。原来，他想起有部动画片还没看，居然津津有味地看了起来。我和米爸对望了一眼，互相用眼神提醒对方"忍住"！

很快，时间又来到9点钟了。他发现还有一些作业没做完，一想到第二天又要挨批评，默默哭了起来。怎么办？我们若无其事地继续各忙各的，同时悄悄观察他。他看到我们都不管他，只能硬着头皮继续把作业写完，才去睡觉。

几天之后，他终于明白：写作业是自己的事，自己没有后路可退。为了争取更多玩的时间，他从课间挤出时间，写一点是一点；回到家后，有时在吃饭前他就把作业写了。

有一年高考期间，我和当时十来岁的米奇一起看新闻。看到“考生忘带准考证，埋怨父母”“考生没带身份证，交警一路送达”这样的新闻，我就问他：

“这些新闻可笑吗？”

“可笑！”他说，“我想，如果高考可以‘父母代考’，估计会有很多父母吵着闹着要代替孩子考试吧！”

是啊，家长真苦，不但要赚钱养家，照顾老小，还要做孩子的考试秘书和学习助理。其实，我们只要明确“责权相等”的法则，让孩子多体验“自然后果”，我们就一定能与孩子的“考试秘书”“学习助理”这样的“头衔”绝缘。

对于那些成年后啃老的年轻人，父母在痛斥他是白眼狼的同时是否想过，父母在养育他们的过程中是否经常越界。未成年孩子享受父母的养育，这是他的权利；但成年后，孩子要自己养活自己，甚至赡养老人，这是他的责任。

教养工具3：

为孩子立界限的方法：讲里子，不讲面子

我们都讲面子，在养育孩子上也是这样。我们常常因为各种情面和压力，放弃了对孩子的界限意识的培养。殊不知，养育孩子，必须“讲里子，不能讲面子”。

这个“面子”，可能和来自孩子祖父母辈的亲情压力有关。

当下，祖父母辈参与孩子养育的情况比较普遍。两代人的育儿理念必然存在鸿沟。常见的情况是，孩子的父母常常碍于情面，不能坚持自己的教育理念。事实上，祖父母辈参与育儿带来的消极影响，已被相关心理学研究证实，比如：相比父母独立带大的孩子，有祖父母辈参与养育的孩子普遍更焦虑、更缺安全感。

最好的做法是，要么自己带，要么和孩子的祖辈达成共识，必须遵守某些养育规则。比如，不能因为孩子常和小朋友打打闹闹，就不让孩子参与同伴活动；孩子穿多穿少，不能根据老人的感受来定，而是要根据孩子的实际感受来定；等等。

作为过来人，我建议，如果有条件，父母最好还是自己带孩子。要和祖辈达成养育共识，沟通成本非常高，而且在实际推进中难度也大。

受访者孙姐告诉我，她女儿读小学时，正是他们夫妻俩事业高峰期，于是她把自己的母亲从老家请到上海，帮自己带孩子。但过了半年左右，孙姐发现，母亲经常干涉她和爱人对孩子的教育。她多次和母亲沟通，但效果不好。于是，她顶着家族压力，找了个理由，把母亲送回了老家。

之后，孙姐和爱人克服很多困难，自己把孩子带大。现在她女儿在国外读大学，自信，独立，善解人意。孙姐现在回想起来，尽管当初把母亲送回家，可能家里“面子”上过不去，但她不后悔自己的决定。

这个“面子”，可能和身处公共场合时的压力有关。

比如，孩子在玩具柜台前撒泼打滚，非要买下一个价格不菲的玩具，你可能会为了逃避“围观群众”的注视，要么投降，要么粗暴地拒绝。

其实你只需要平静而坚定地（注意！必须是平静而坚定地）重申你们先前已经定下的规矩。如果孩子继续耍赖，你可以平静地抱起他离开。如果是大一点儿的孩子，你可以平静地离开，在稍远一点儿的地方等他。

讲完了“面子”，现在来讲讲“里子”。

讲“里子”，意味着要顺应孩子的心理发展规律。

不要用恐吓或奖赏的方式来给孩子“立界限”。比如，“再不乖，警察就要来捉你啦。”“考到90分以上才能玩游戏。”这会让孩子觉得，“界限是有条件的。没有条件，我就可以越界”。

正确的做法是，顺应孩子的心理发展规律，让他有“被尊重”的感觉。这才能激发他的合作意识。比如，孩子喜欢吃蛋糕，或者毫无节制地看电视，不要粗暴地拒绝，而是告诉他，这些爱好很正常，爸爸妈妈很理解（谁没几个爱好呢），只是我们需要“适可而止”。

讲“里子”，意味着要学会拒绝孩子。

如何拒绝孩子的不合理需求，用合适的方式为他立界限呢？自体心理学创始人科胡特是这样说的：“用不含诱惑的深情和没有敌意的坚决。”通俗地说，就是“温和而坚定地拒绝”。

举个常见的例子：孩子想让你给他买一部iPhone手机，你不想给他买，怎么办？

回答一（有敌意地拒绝）：你怎么那么不懂事？我一个月才赚多少钱，供你读书已经不错了！

回答二（坚定而强硬地拒绝）：太贵了，不买。

回答三（有诱惑地绑架）：你只要期中考试考到班里前五名，我就给你买。

回答四（温和而坚定地拒绝）：孩子，爸爸妈妈觉得你现在还不是用手机的时候。等你哪天非常需要了，我们再商量这个事情。

看到这里，你有答案了吗？比较好的回答当然是第四个。

讲“里子”，还意味着父母给孩子立界限，一定要具体，不能太空泛。

比如，你如果说“我们家所有人都要爱护书籍”，然而孩子可能并不知道“爱护”到底包含哪些内容。你要告诉他具体的要求，比如不能撕书，不能把书放在潮湿、油腻的地方，不能把容易打翻的饮料放在书旁边等。

随着米奇的长大，我越来越感觉到给孩子立界限的重要性。我们要懂得退让，不需要事事亲力亲为，而是要早早地设好界限，然后做一个耐心的守望者，让孩子在有界限的世界里自由地行走。

第12章

教孩子学会拒绝，让孩子赢得更主动的人生

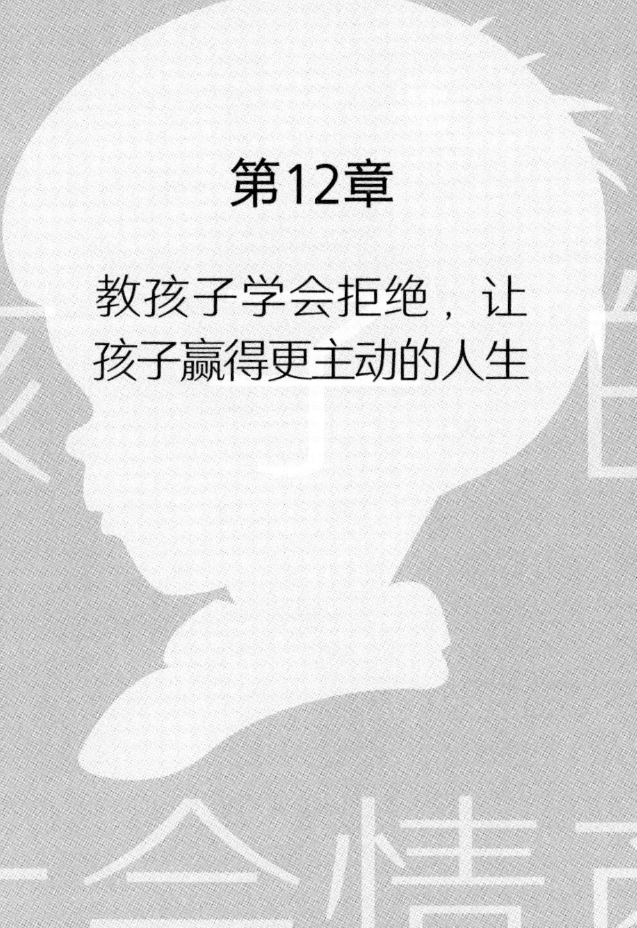

启示录：

面对不合理的请求，该说yes还是no

2018年9月，我写过一篇文章，主题是“恳求所有家长，别再养那么多‘乖孩子’了”。我写这篇文章的本意并不是说乖孩子不好，而是要提醒广大家长，一定要注重培养孩子对可能存在的各种“恶”的警觉能力。在文章中，我以某网约车平台司机杀害女乘客的案件为引子，结合我的亲身经历，呼吁广大家长不要在无意中养出一个“活在父母滤镜里的乖孩子”，而是要把社会化教养放在首要位置。

一时间，各大微信公众号争相转载这篇文章。这篇文章的全网阅读量保守估计上百万。我收到大量读者的留言，其中有个高频提问：到底该如何教会孩子拒绝别人？

拒绝其实是一种能力。这种能力完全从后天习得。孩子在成长过程中，如果在父母的引领下，逐渐获得这种能力，那未来行走社会，必将赢得更主动的人生。

下面，我将结合我亲身经历的两件事，深入地和大家聊聊“拒绝”这个话题。

2018年8月，我第三次去西藏旅游。这次我走的是川藏线，途中遇到两件小事，在这里和大家分享一下。

第一件事。那一次，我们要去稻城亚丁。我此前几天就通过网络预订了3个房间，房费是每间400元。我们快到达目的地时，我接到酒店客服的电话。对方称，我们订的那3个房间的马桶坏了，所以建议我们退掉房间。

这时，景区的民宿都涨到一两千元一间了。这种情况下，我怎么可能退房？我在电话里调侃了一句：“理解，理解，马桶坏了，那就修嘛。实在不行，我们自己修修看。但是对不起，我们不接受退房。”

电话那头沉默了几秒钟……然后，一切照旧。

同行的“90后”小君老师，听我挂完电话，戚戚然说：“还好有你在……如果我接到这样的电话，我可能会答应退房的。我不敢拒绝。”

小君老师是我眼中标准的乖孩子，有礼貌，有教养。我问她，为什么不敢拒绝别人？她沉默了一会儿说：“我也不知道，就是觉得如果拒绝人家，自己会很不好意思。”

“自己不好意思”，是很多人不敢拒绝别人典型的心理原因。实际上，有些别有用心的人，正是利用了一些人“不好意思拒绝别人”的弱点，进而向对方提过分的要求。

第二件事。在拉萨休整之后，我们换了一个司机。这一位有些奇葩，一上来就不停地给我们洗脑：要我们提前一天结束行程。他甚至说，最后一天不送我们去机场了，虽然服务条款写明了有送机服务。

一开始，我忍着没发声。看他越来越肆无忌惮，我终于开口了：“师傅，今天我如果是搭你的车赶路，你和我商量提前一天结束行程，倒也是合理的。然而，我们是有合同的。我是付钱的游客，你是赚钱的司机。咱们都做好咱们的分内事，你看好不好？”

我说完这些后，司机一声不吭了。之后的几天，司机换了一种态度，每个景点都留足时间，还卖力地给我们介绍，最后一天高高兴兴地送我们去了机场。

令人意味深长的是，在我和司机据理力争的时候，车上另外三位始终沉默。他们也许是出于礼貌，也许是出于懦弱。

在自身权益受到损害时，我们不要怕撕破脸皮，去维护一份“多余的礼貌”。只有智慧地“踢爆”对方营造的“掌控”氛围，在博弈中找到自己的节奏，我们才有可能掌握主动权。

每个不懂拒绝的大人，都曾经是个唯唯诺诺的孩子。从小处在被动的怪圈里的人，习惯压抑自己、讨好别人，长大之后很容易成为人们口中的“烂好人”，进而在痛苦或麻木的社交关系中无奈地活着。

为人父母，要让孩子知道，正当的拒绝并不是一种不礼貌的行为，反而是我们遵从自己的内心做出的选择。教孩子学会拒绝是找回尊严、塑造自我的最好的方法。越早培养这种能力，孩子越容易赢得主动的人生，越容易收获良好的人际关系。

教养工具：

教孩子学习拒绝，要注意这七个要点

对于拒绝，很多人都很困惑，总觉得拒绝别人是一件难

以启齿的事。其实，善于拒绝别人，是一种能力。学会拒绝，不但能大大提高社交质量，还能提升“幸福力”。那么，如何提高孩子的“拒绝力”？

要点一：明确自己的原则。

你有没有发现，你身边那些不会拒绝别人的“老好人”，你往往看不出他们的好恶，因为他们一般都是通过压抑自己讨好别人，放弃自己的尊严和权利时，毫无底线和原则。他们以为用这样的方式，可以获得别人的认可或感激，但他们终究会发现，越是讨好，越是不懂得拒绝，越会被人理所当然地看轻，甚至被人提出更多无理的要求。

所以，要想学会拒绝，首先就是要明确自己的原则。我们一定要教会孩子这一点。

举个例子。我的一位受访者跟我抱怨说，她女儿13岁，经常跟她诉苦：“有些女生喜欢互相使用对方的东西，比如帽子、梳子，甚至润唇膏什么的。我有点儿小洁癖，每次遇到这样的事情都很痛苦，不知道该怎么拒绝她们。”

我告诉她，首先要让孩子从心里明确——“我不喜欢别人用我的东西”，然后一以贯之。

要注意的是，不要设置模糊的原则。原则必须具体，边界必须清晰。

要点二：真诚的态度会为你加分不少。

拒绝别人一定要委婉，因为没有人喜欢被拒绝。我对这句话的理解是，真诚地表达自己的感情，真实地袒露心迹，这是拒绝别人的“情感底色”。

还是拿上面提到的那个受访者的女儿做例子。如果她硬邦邦地告诉女同学：“请你不要用我的东西，我不喜欢。”这样做很容易给人不近人情的感觉。

我教她这样做：先坦然地看着对方的眼睛，以表示她对对方的重视；然后用真诚的语气说：“我很在乎我们的友情。但是，我从小到大有个习惯，不喜欢别人用我的东西。我可能有点儿小洁癖，请你理解。”

这句话，首先肯定了双方的友情，为“拒绝”奠定了感情基础；其次强调了这是她“从小到大的习惯”，表明这个原则不容破坏；最后用“请你理解”表达了一种共情。

后来，这个女孩用了我的方式，确实取得了很好的效果。她的女同学接纳了她，她们之间的友情反而更坚固了。可见，你越尊重自己的意愿，并且能真实地、真诚地表达出来，对方反而会越尊重你。

要点三：对自己的能力有正确的认知。

很多人不会拒绝别人，有个很大的原因是对自己的能力没有清醒的认知。我们若对自己能力的认知出现偏差，当别人提出需求，就会稀里糊涂或者硬着头皮，去做超出能力范围的事，结果通常比较糟糕。

我举个自己的例子。我和米爸都是做媒体工作的，写文章相对其他家长更擅长一些，再加上米奇从小也喜欢写东西和设计，因此米奇的老师经常把学校里的一些宣传任务交给我们。

米奇跟我一样，每次接到任务后，都会不遗余力地完成。时间长了，我们真可谓焦头烂额。我记得，有一次的任务是做一个关于某节日的PPT，而且时间很急。当天放学后，我们匆忙扒了口饭，就忙碌起来。米奇负责动画设计，我负责编辑文字。为了精益求精，他在20多页的PPT里，每页都插入了大量的动画设计，设计、修改、调试……搞了3个多小时，然后再做功课，到夜里1点多钟才睡下。

事后我和米奇做了总结，想评估一下这样的事是否超出了他的能力范围。他是喜欢做PPT的，但喜欢不等于擅长。事实上，他的能力远没有达到可以迅速做出高质量PPT的程度。当天，他为很多没弄懂的小设计，自学了半个多小时，所以才捣鼓到那么晚。

最终，我们得出结论，如果以后再遇到这样紧急的任务，我可以把实际情况告诉老师："我无法既快又好地完成任务，如果学校要得急，可以请更能胜任的老师或同学帮忙。"

其实这样的情况，很多人都遇到过。很多人不能正确认知自己的能力，就答应了别人的请求，最后自己累个半死，也没有很好地完成，何苦呢？所以，请对自己的能力有个正确的评估，遇到超出自己能力范围的请求，要直接告诉对方："不是我不帮你，是我的能力有限，帮不了你。"孩子自小学会这一点，至关重要。

要点四：拒绝的同时，给对方对策或建议。

拒绝别人，对于心软、好面子的人来说，是一件有点儿残忍的事。别急，其实有个中和的办法，就是在拒绝的同时，给对方恰当的对策或建议，以示"安抚对方"。这也是社交中高情商的表现。

有一次，米奇一个同学的家长，很想邀请我去他们公司做一次关于危机公关的讲座。我因为一些原因很想拒绝这次邀请。

我是这样做的：

首先，我坦诚地看着对方，以示尊重。

其次，我感谢她的邀请，并表示不胜荣幸。

再次，我告诉她，我在这方面并不是特别擅长。

最后，我提议，我身边有精通这个领域的讲师，可以推荐给她，然后他们可以自行接洽。

通过这四个步骤，我既成功地拒绝了对方，又没有伤了她的面子。最重要的是，我也为她着想，给了她积极的对策和建议。

要点五：明确拒绝，别让对方误解。

这点也非常重要。很多人看似拒绝了对方的要求，但是含含糊糊，半推半就，很容易引起对方的误会，最后将自己陷于被动之中。

举个简单的例子。某天，快下班了，你手头还有一堆事没做完。这时，张姐走了过来，说："小李，这个文案你能不能帮我改一下？"你有点儿为难地说："我现在手头事情正好有点儿多……"张姐知趣地走开了。过了半小时，她又过来："怎么样，你忙完了吧，帮我看看文案呗！"你再次为难地说："我还有个项目方案没写完……"张姐再次离开……

第二天上午，张姐又来了："今天忙不忙？不忙的话，别忘了帮我改文案哦！"你是不是很崩溃？

为什么会这样？因为你没有在第一时间明确地拒绝对方，一直在给对方这样一种暗示：你只是忙，忙完了就有空帮她了。另外，她也许是觉得既然你没有直接拒绝她，她就还有"捡便宜"的可能，所以想再碰碰运气。

结果是，要么你硬着头皮帮她的忙；要么落得一个拖泥带水、含含糊糊的社交画像。

要点六：拒绝时不要带有歉意。

人与人之间的关系很微妙，有时就像弹簧一样，你软他就硬，你硬他就软。我的建议是，拒绝别人的时候一定不要带有任何歉意，最合适的态度就是不卑不亢。

一旦你给对方"抱歉（软）"的感觉，对方就会有"你欠我（硬）"的感觉。可是我们不要忘了，对方在求我们办事，他至少得接受50%被拒绝的概率。我们又不欠对方什么，为何要有歉意呢？

不要害怕拒绝别人，如果你的理由出于正当。当一个人开口向别人提出要求的时候，他的心里本就预备了两种答案。所以，给对方什么答案，都是对方意料中的。

如果你尊重自己的感受和意愿，就会明白：对方有求于我，就要承担可能被拒绝的风险（包括受伤的感受）；我遵循我的意愿，接纳或拒绝，这是我的权力。每个人都该为自己的感受负责，这才是成熟的态度。孩子自小要学会这些，才能正确处理自己的人际关系。

要点七：反拒绝的能力。

上面六点，我都在分析如何拒绝别人。这一点我要说的是，以退为进、化被动为主动的“反拒绝”模式。当然，如果没有充足的把握和稳定的心态，这招要慎用。

有一次，我的一个小学同学在朋友圈卖唇膏，希望我帮她捧捧场，帮她开个单。她对我说：“我看你也一直在化妆，我这个品牌特别好，你试试看呗。”可是我明明用惯了某个品牌，对她这款不知名的产品无法信任，当然想拒绝。

什么叫“反拒绝”？我是这么切换话题的：“我听说你女儿特别喜欢看书。最近我表姐在做童书团购的生意。她推荐的书质量特别好，品种也多。你可以为你女儿挑几套。”

这句话通过“反提要求”的方式，将被动扭转为主动，营造了一种“你向我提要求之前，得先满足我的要求”的情境，让对方将心比心，知难而退。

这一招我曾经教过米奇。有一段时间，米奇和班上的同学每天都会带一些自己喜欢的小点心到学校，在课间休息时食用。但是有个同学，自己从来不带点心，总要吃米奇的。一开始，米奇想，跟同学分享，这也没什么，后来发现对方讨要食物成了每天的习惯。米奇一时十分为难，不给吧，怕人家说自己小气；给了吧，每天都要，何时是个尽头呢？

关于这个问题，我曾经在一些讲座中问过现场的家长。大家基本分为两派，一派家长说：这还不简单，让孩子多带一些点心，大家不都可以吃了吗？还有一派家长说：当然要直接拒绝，凭什么我的食物每天都给你吃呀？

第一派家长，看似完美地解决了问题，但是没有触及孩子社交中的核心能力之一——拒绝他人的能力。第二派家长，有意识拒绝，这是对的，但比较强硬，不利于同学之间的关系的维护。

我是这样教米奇的：“明天开始，当这个同学再向你要点心时，你这样‘反拒绝’：‘你已经吃了我两周的点心，接下来的两周轮到我吃你的点心了。这叫礼尚往来。’”我特别嘱咐米奇，说这句话时不要带着商量的口气，而是要拿出不容置疑的态度。

米奇用了这个方法和那个同学沟通。那位同学之后连续两周从家里带了点心给米奇吃。再后来，他们两个“小吃货”成了好朋友。

以上这七个拒绝的要点，在不同的情境里，面对不同的对象，要灵活使用。对大人如此，对孩子来说，更是如此，因为他总有一天要进入社会。

无论如何，当一个人开始正视自己的“拒绝力”，他的心智水平必然逐步提升，社会能力也会大大增长。我相信，在你和孩子的努力下，你们一定能赢得更主动的人生。

第13章

给孩子金钱，不如给孩子合理的金钱观

启示录：

“败家女儿”欠债90万，源于父亲的一个举动

我在做记者时，写过一篇让我印象深刻的稿件。那是一个跟“钱”有关的故事：

28岁的小芸，未婚，在一家企业上班，月薪五六千元。她父亲刚从事业单位退休。她家里条件还可以，在某市市中心有两套房。

一天晚上，小芸的父亲惊闻宝贝女儿在外面欠了90万元外债，气得瘫坐在椅子上！小芸的父亲仍清楚地记得，2年前女儿曾经刷爆过好几张信用卡，欠了银行20多万元，他当时一把鼻涕一把泪地帮女儿还了债。

小芸当时哭着发誓：“我再也不透支信用卡了。”这两

年，太平无事。

这次，小芸又透支了好几张信用卡，只好拆东墙补西墙。最后，她把手伸向了网络贷款。这个举动把她推向了万劫不复的深渊。最后，她莫名其妙地有了90万元的外债。

眼看事情败露，不可能再瞒过家人，小芸只能向父亲求助。最终，小芸的父母盘了盘家里的现金、金器，加上银行里的存款，凑了90万元，帮女儿还了债。

你或许想问：他们家什么情况？为啥小芸对金钱的欲望如此强烈？前面我说了，小芸家里条件还不错，但她的父亲有个特点：抠门。

小芸的父亲抠门到什么程度？小芸印象中小时候几乎没怎么穿过新衣服，穿的基本都是亲戚家孩子淘汰下来的旧衣服。小芸小时候玩的玩具也都是亲戚家孩子淘汰下来的旧玩具。

小芸可不想继续这样的生活。打从开始工作，她的人生变了样：衣橱里挂满了各种名牌服装；她的名牌包，均价都在万元以上……小芸月工资虽然只有五六千元，但在花钱这件事上从不吝啬。

从心理学的角度分析，父亲在金钱上所做的不正常的示范，在小芸心里埋下了逆反的种子，使得小芸出现了“你越抠门，我越要大方”的反抗心理和行为。父亲的行为是小芸扭曲的金钱观的直接原因。这样看来，小芸在金钱上再三闯祸并不稀奇。

其实，像以上这样真实的故事，我们身边有很多。自从网络贷款盛行后，很多“新时代的败家子”大行其道，他们掏空的不光是父母一辈子的家底，更是老人一辈子对儿女的期望。

可见，从小给孩子树立正确的金钱观，并以身作则当好模范，是多么重要的事！

教养工具1：告诉孩子，谈钱不可耻，一定要理直气壮

米奇上小学五年级时，有一天他回到家后闷闷不乐，好几次欲言又止。晚饭后我们去小区散步，我装作不经意地问他：“妈妈今天上班好累呀，改文章改得头晕眼花。你今天上学顺利吗？”

他沉默了一会，终于告诉了我他心底的小秘密。原来，上个月他们春游时，他的一个同学向他借了50元钱，但是这都过去一个月了，对方还没还。“妈妈，你说他是不是忘记了？我该去讨钱吗？”

我笑了笑，不急着回答他，而是跟他说了一个故事：

“儿子，你还记得妈妈去年夏天去西藏的事吗？当时我通过西藏的一个朋友，认识了一个做导游的小伙子。我们姑且叫他小王。当时正是旅游旺季，所以我托他帮我买布达拉宫的门票。出于对朋友的信任，我早早就把我和闺密的票款打给了他。

“到了布达拉宫，我才知道，我们付的是1号线路（包含全部景点）的钱，但拿到的却是2号线路的票（基本上只包含一半的景点）。

“我打电话给小王，他坚定地说‘不可能’，他电话里跟我说了很久。我见他没有主动解决问题的意思，就直接打断他：‘你说怎么处理吧？’这时，讲解员在催我们。我们再不进去，门票就要作废了。我当机立断，在电话里对他说：‘算了，我们就走2号线吧，你退款给我。’

“小王在电话里连连答应。然后，他居然失联了，不再回我信息。第3天，在我的催促下，他给我留了言：‘姐，您放心，肯定给您退款，这事包在我身上。’然后，他就没了动静。再然后，他一会儿说支付宝里没有钱，一会说微信余额不足，就是不退钱。”

“那你后来是怎么解决的？”米奇眼睛里写满好奇，迫不及待想知道下文。

我继续说：“孩子，你知道吗？只要我一松口，他就心安理得地消失了。你可能会认为，我没必要较这个真……但是，孩子，你要打住这样的念头！因为欠钱不还的是他，责任在他。我，坦坦荡荡。在我锲而不舍的催促下，他终于让他的一个朋友，通过微信给我退了款。”

我补充道：“孩子，在社会交往中，谈钱一点儿都不可耻，要回属于自己的钱更要理直气壮。我们只有把钱这个东西驾驭好，才有资格谈其他。如果有朋友因此远离了你，那只能说明他和你不是一路人，道不同，不相为谋也。”

米奇听完我的故事，若有所思地“哦——”了一声，情绪好了很多。没过几天，他传来好消息：在他的催促下，同学很快把钱还给了他。

教养工具2：
教孩子做“微型商业计划书”

一天早晨，我和米奇有一次这样的对话。

米奇：“妈妈，我想买只鳄龟。”

我：“啊？你确定要买？”

米奇：“嗯，我想要。”

我：“嗯……”

米奇：“妈妈！鳄龟可是稀有品种！它……”

我：“鳄龟比一般乌龟凶猛，会不会咬到你？平常谁来照顾它呢？”

米奇：“……”

我：“那好，你先去上学，放学回来写一份小BP吧。”

于是，小朋友在课间洋洋洒洒写了两页纸，放学拿回来给我。我细细看完，欣慰批示：准了！拨款！

上面那段对话，我随手发到了微信朋友圈，没想到引来100多位朋友的点赞和留言。很多人问，小BP是什么？13岁的米奇到底在里面写了点儿啥？

我说的小BP，指的是我家的“微型商业计划书”（Business Plan）。

米奇从小到大，和其他孩子一样，每一次走进商场的玩具柜台，就走不动了，这个也想要，那个也想买。小时候，我用的办法是“口述理由法”，让他简单口头陈述购买理由。我认为，这能锻炼他的语言表达能力和逻辑思维能力。

对他的购买需求，一般情况下，每5次里面，我会采纳2次，当然还要结合他的口述理由。采纳2次，是给他信心和希望，表示妈妈尊重他的意见；不是次次采纳，是想告诉他，父母的钱是有限的，不可能满足他所有的要求。

等到他会写字了，他每每提出想买什么，我都会让他写下（或画出）购买理由。有了很多口头陈述和书面陈述的经验，孩子整理思路越来越快。在这个过程中，有时他也会发现，有些购买理由挺荒唐，甚至挺无聊，就会自动放弃。

他再大一些时，我就教他借鉴商业计划书的大纲，大致从项目计划、如何管理、人员配置、资金安排、风险预估等方面，比较完整地写一个计划，目的是争取获得我这个“投资人”的青睐。

慢慢地，他对写“小BP”驾轻就熟。对于这次买鳄龟的事情，他的计划书里陈述了购买理由；还预估了可能带来的风险和对策；对资金分配（他贡献一部分零花钱）、责任分配（他照顾为主，我和爸爸照顾为辅）等要素都考虑得很周到。

最后，他用这份“小BP”赢得了他要的宠物鳄龟。

孩子大约从3岁开始，有了物权的概念，特别喜欢占有东西。一些家长由于工作忙碌，很少与孩子互动，出于补偿心理，对孩子提出的要求总是来者不拒。时间长了，孩子对他所想要的东西，总喜欢习惯性地占为己有。

对于孩子的需求，是买买买，还是直接拒绝？我的建议是，先别急着答应或拒绝，不妨先带领孩子试着完成上文中提到的“小BP”。

具体如何操作，我的建议是：

第一，孩子还小的时候，我们可以让他用“说”的方式，试着讲清楚买某样东西的理由。

第二，孩子大一点儿了，可以让他用“画”或“写”的方式陈述。

第三，等孩子上学了，有一定的逻辑思维之后，我们可以让他试着写比较完整的“小BP”。

第四，对于孩子的合理需求，要接受，以给他甜头和希望；对于孩子的不合理需求，要直接驳回，以让他知道父母对钱的使用是有规划的。

孩子要争取“父母投资人”的资金，就得凭本事吃饭，完成好计划书。长此以往，孩子会渐渐明白，父母的钱都是辛苦赚来的，买东西要有所规划，不能随心所欲。

以上方式，也顺应了财商教育中最重要的一点，培养孩子延后享受的理念。所谓延后享受，就是指延期满足，以追求更大的回报。

教养工具3：
慎用物质奖赏，杜绝“金钱至上”

米奇上小学时，他学校有个学霸一直能考全年级第一名。后来，我通过一些家长和同学了解到，这个学霸家的教育方式是，孩子只要能保持全年级第一名，父母就会给予金钱上的奖励。不但如此，父母让孩子做其他事时，比如做家务，也会给予相应报酬。孩子小学低年级时，父母每次给他的奖励也就5元、10元。后来到了高年级，孩子的胃口越来越大，动辄“要价”上百元。

我们到底该不该用物质奖赏孩子？当然不该。

不客气地说，物质奖赏，是一种贿赂孩子的行为。时间长了，孩子会形成一种思维模式和行为模式：没有回报，我不合作；有好处，我才配合。

要知道，世界上哪有源源不断的奖赏？给予孩子奖赏的父母，你是在遏制孩子“自主呼吸”的能力，把奖赏变成了孩子成长所需的“氧气”。一旦停止“供氧”，孩子就会“呼吸衰竭”。在这种教育方式下，孩子容易发展出异化的金钱观，容易养成自私、冷漠、没有责任感、没有合作精神等性格特征。

有些家长可能会问，那是否可以给孩子零花钱呢？孩子是家庭的一分子，可以共享家庭利益。孩子到了一定的年纪，给予一定的零花钱无可厚非。但是，切记！零花钱的给予绝不能和“奖赏”挂钩，这两者一定要泾渭分明。

教养工具4：

让孩子体验“金钱”更深层的意义

由于多年从事媒体工作，我养成了跟儿子米奇分享新闻事件的习惯。四年前，我们报道了一个血液病儿童小乐的故事。于是，我在餐桌上和米奇聊起了这个可爱又不幸的小男孩。

我告诉他，为了给小乐治病，小乐的父母已经花费了7万多元。小乐的妈妈是营业员，爸爸是保安。他们家经济本就很拮据。小乐生病后，他妈妈辞去了工作。那以后，他们全家只靠爸爸的3000元工资度日，他们每月光房租就要用掉1600元。

“米奇，妈妈真想帮帮他。你有什么好建议吗？”尽管我在单位已经给这个家庭捐了款，但我期待米奇也能有所思考和行动。

当时10岁的米奇抬起头说：“妈妈，我想用我的零花钱买点儿彩泥，然后和小乐一起做彩泥动物好吗？”

“好呀！这个主意真不错。你的零花钱花在这个上面，特别有意义。小乐如果知道你能陪他玩，肯定很开心。”对于儿子这个建议，我十分惊喜。

我记得那天的上海刚刚入冬，气温骤降。在出发之前，米奇默默写了一张贺卡，把一大盒彩泥，还有自己喜欢的绘本和玩具，都装进了书包。

在一条小弄堂里，我们找到了小乐的家。阴暗狭小的房间里，小乐戴着口罩，正在无聊地发呆。看到米奇哥哥的彩泥，小乐眼睛里一下放出光来。兄弟俩立即熟络起来，嘻嘻哈哈地捏起了各种造型。

有段时间，网上流行一句话："先定一个小目标，赚他一个亿。"这句话在米奇班上也十分流行。米奇回家经常有模有样地说这句话。

这天他又夸张地说起来，结束时冷不防给我一个灵魂考问：

"妈妈，如果你有一个亿，你会干吗？"

我思考了一下，坚定地回答他："建学校。"

"为什么呀？地球上已经有那么多学校了！"他有点摸不着头脑。

"我国有些地区教育环境还不是特别好。改变教育环境，才能改变那些地方的孩子的命运。从大的方面说，这也会让我们国家越变越好。这实在太有意义了！所以，如果我有一个亿，我会去建学校。”

以下这些小故事的主人公，都是我身边的人。他们用行动诠释了金钱的意义。我利用平时和孩子的互动时间，给孩子讲过他们的故事。

我的一位受访者老张，一辈子勤勤恳恳，低调少言。然而，要不是一封来自大山里的感谢信，我们都不会知道，他竟连续资助山区儿童整整十年！每年6万元，他10年整整捐了60万元。

我的好朋友兔子，从22岁大学毕业后做老师开始，十几年里资助了6个贫困学生。兔子戏言，这些年资助那些孩子的钱，在上海买套房绰绰有余。但是她无怨无悔，她说：“资助有潜质的孩子，把他们培养成人才，这种价值感难以言表。”

我告诉米奇，在我们身边，总有人心怀善良，用金钱和爱心竭尽全力帮助身处困境的人。他们其实并不富有，但他们的精神世界很富足。他们仿佛活成一个个光源，照亮了很多人的生活。他们把金钱都用在了有意义的地方，让人肃然起敬。

心理学家阿德勒说，儿童社会化的一个有效手段就是培养孩子的“社会情感”。家长如果能把“金钱教育”和“社会意义”结合起来，一定能发展孩子的“社会情感”，进而有助于他更好地理解社会、融入社会、贡献社会。

人的一生都在和金钱打交道。孩子踏入社会，自力更生后，第一件事就是面临如何赚钱和如何花钱。我想，如果我们能利用身边的人和事，给孩子树立健康的金钱观，比如通过合理合法的方式挣钱、把钱用在有意义的地方等，激发孩子对金钱的正向理解，孩子的“钱路”才会越走越宽。

第14章

诚信的素养，是孩子行走社会的道德资产

启示录：

说话不算数的大人，会让孩子记恨一辈子

脑科学专家洪兰在一次演讲时讲了一个关于她儿子的故事。我深感触动。故事发生在20世纪80年代的美国。

洪兰的儿子当时9岁，非常喜欢看棒球比赛。有一次，洪兰的先生的同事对洪兰的儿子说，他也喜欢棒球，并且当场许诺将于某日某时来接洪兰的儿子一起去看棒球比赛。

孩子很高兴，提前三天就开始做准备，并且计划好了当天要穿什么衣服、带什么包。到了约定的日子，孩子一大早就起床，做好了自己的事情之后，就坐在门口等。但是，他一直等到下午2点，对方都还没有来。大人打电话也联系不到对方。孩子还是不死心，一直等到天黑，但对方还是没有

来，也没有任何消息。

孩子当天非常难过，任大人怎么安抚都没用。

后来，在另外一个场合，洪兰一家碰到了这个人，但这人绝口不提那次失约的事情。这人看到洪兰的儿子时说：“要不要我带你去迪士尼玩？”洪兰的儿子淡淡地说：“我对迪士尼不感兴趣。”

洪兰十分惊讶，因为前一天晚上儿子还和她说想去迪士尼玩。事后，她偷偷问儿子其中的缘由。儿子说：“我被骗一次，shame on him（为他感到羞耻）；我被骗两次，shame on me（为自己感到羞耻）。”

自此之后，洪兰的儿子在很长的一段时间里，对周围大人许给他的承诺都保持深深怀疑。

我的受访者钱妈，跟我分享过一件类似的事情。她10岁时，有一次外地的一个亲戚来家里做客，给了她50元钱。当时家里不宽裕，她妈妈说，替她存着这笔钱，然后每周给她两块钱，让她慢慢花。她信以为真，喜滋滋地上交了这笔“巨款”。

很快，她拿到了第一周的两块钱，但一直舍不得用，幻想着攒到10块钱的时候，要和小伙伴一起去买漂亮的文具。

到了第二周，她再问妈妈要钱时，妈妈沉下脸说了一句："小孩子要这么多钱干吗？"

她瞬间崩溃。原来妈妈的承诺根本就是"骗小孩玩的"，这种感觉让她伤心了好久。自此，她心里留下了父母不值得信任的阴影。30年之后的今天，她还清楚地记得当时那种信任崩塌、失望透顶、心灰意冷的感觉。

她如今有个可爱的5岁儿子，由于童年的这段经历给自己带来了不良影响，她现在在育儿过程中十分注意——对孩子一定要信守承诺，她觉得这是对孩子最起码的尊重。

上文两个故事里的"大人的承诺"，实际上是"不经意的玩笑"或"有意的欺骗"。许下承诺的大人觉得这样做稀松平常，完全没有意识到这将给孩子带来心理伤害。在诚信不足的家庭环境里，孩子不但会变得不诚实，而且容易养成投机取巧的性格，成年以后也难以信任别人，甚至敏感多疑。

孩子是如何看待大人的诚信的？

相关调查结果显示，孩子对父母最不满意的地方，就是父母总是说话不算数。在孩子眼中，父母就是自己的全世界。父母的不诚信，对孩子来讲，无异于世界的崩塌。

所以，我们一定要在家庭中建立以“诚信”为基础的堡垒。诚信的素养是孩子进入社会的道德资产。一个诚信的人，将是一个脚踏实地、有道德底线的人。相反，一个经常失信于人的人，不仅很难获得机遇的垂青，而且可能为失信付出惨重的代价。

教养工具1：
越是小的承诺，越要遵守

人与人之间的信任，需要很长时间才能建立起来，而且大多是通过一些很小的事逐渐建立起来的。

受访者果妈，曾告诉过我一个她和她女儿的故事。有一次，因为女儿考试考得很好，果妈说：“今天中午你可以自己选择吃什么。”她女儿非常兴奋。因为平时有妈妈管着，她很少吃炸鸡。这次，她斗胆说：“妈妈，今天我们吃一顿炸鸡吧。”

果妈脸上顿时晴转多云：“啊呀，这怎么行？怎么也不能吃垃圾食品啊！”孩子一脸失望：“每次都这样，说好了吃什么都可以，到最后都是有条件的。”果妈于是埋怨女儿，这么小的事情都要计较，真不懂事。她没有看出来，虽然只是一顿午餐，但因为妈妈的失信，孩子已经心生失望和不满。

正确的做法就是三个字，“言必信”。既然答应孩子“吃什么都可以”，我们就必须兑现诺言。

除了出尔反尔，家长不讲诚信的表现还有“先撒个小谎再说”。比如，孩子晚上不愿意睡，妈妈就哄他说：“你乖乖睡觉，明天爸妈带你去儿童乐园玩。”第二天孩子期待着去儿童乐园玩，妈妈又临时编个理由打发孩子。

这种看似无害的随口敷衍，时间久了，会让我们失去孩子对我们的信任，而且他一定会还给我们。终有一天，我们会为我们的敷衍扯谎埋单。

不信？你仔细观察一下就会发现，那些爱耍“小聪明”“满嘴跑火车”的孩子的行为，大部分都是从大人那里学来的。比如，有些孩子为了多看一会儿电视，就说今天作业布置得少；为了多玩会手机，就说在看老师布置的网上作业……投机性说谎一旦成为习惯，对孩子的影响非常大。长期看来，这样的孩子，日后容易成为失信的大人，未来行走社会将步履艰难。

所以，父母和孩子相处时，请管住嘴，再小的承诺，也要三思；一旦承诺，就必须践行。我们在每件小事上的诚信，终将培养出孩子的诚信素养，而这将是孩子宝贵的社交财富。

教养工具2：
教孩子——不做失信的“聪明人”

和大家分享一个寓言故事：

一个叫“诚信”的人，在海上遭遇海难，之后被困在一个荒岛之上。接下来的日子里，“诚信”先后向驾船路过荒岛的“聪明”“快乐”“竞争”“名声”等人求助，但这些人怕“诚信”上船后，会对他们目前的优势造成威胁，都拒绝了“诚信”的求助。当“诚信”濒临绝望的时候，“时间老人”出现了，解救了“诚信”，而且让前面几个人的船，都翻在了茫茫大海里。

这个故事告诉我们：没有了诚信，聪明只会害了自己，快乐不会长久，竞争不会成功，名声不会稳固。

有句谚语说：“一两重的真诚，等于一吨重的聪明。”诚实守信的人有时候是会吃亏，但是从长远来看，诚实守信的人最具智慧，他们会得到真正的盟友，将有更多成功的机会。相反，那些不讲诚信、看似暂时得了很大便宜的人，早晚会漏洞百出，甚至身败名裂。

所以，我们一定要趁早教会孩子不做失信的“聪明人”。

第一，不能为了占便宜放弃诚信。

一次，在一个妈妈群里，有个妈妈得意扬扬地说了她的故事。

有一天，她带孩子去一个知名的游乐场。买票时，为了少买一张儿童票，她让孩子弓着腰量身高，最后侥幸过关。进去之后，有个项目有一定危险性，所以对参与者的身高有一定要求。这个妈妈想，既然买的是通票，当然要玩遍所有项目，不然不是吃亏了？所以她这时让孩子踮起脚量身高……

这位妈妈把这个经历骄傲地晒在微信群里，美其名曰“给其他宝妈一点儿参考经验”。然后，很多人一片叫好，纷纷赞扬这位妈妈“很机智”。我觉得她的孩子很可怜，那么小就要被迫跟着大人一起撒谎。

其实，诚实是一种力量的象征，它显示的是一个人的自尊、自爱和内心的安全感。这位妈妈的“不吃亏理论”，其实本质上是一种不道德的“小聪明”，给孩子传递了错误的价值观。

第二，失信的“聪明人”，会殃及周围人。

一个不讲诚信的人，不但会丧失很多宝贵的机会，也会让他周围的人深陷“失信”的阴霾当中。

这几年，常有论文作弊、学历造假等令人匪夷所思的事情出现在新闻头条。我一个朋友跟我调侃：一个老实人做一篇论文需要2年，一个“聪明人”做一篇论文只要20天。公众骇然之余，会质疑整个学术圈！

那些被谎言吹大的泡泡，总有一天会破裂。到那时，一个失信之人所做的不堪之事，都会败露。

第三，一次失信于人，必将前功尽弃。

余秋雨老师在散文《信客》里写过一个故事。在邮政业不发达的年代，送信的信客（即信差）很受人尊敬和信任。当时不少人在上海等地经商，一年里面只有逢年过节才能回家，所以日常会委托一个老信客递送物品。

有一次，一户人家的女儿要出嫁。这户人家的男主人在城里托老信客带两匹红绸布到乡下老家，打算给女儿做嫁妆用，又托其他人带了封信给家里的太太。此时的老信客不知道，一场危机正等着他。

这位先生留了个心眼，在红绸布的边缘做了一个记号，并且在信中告知了太太。老信客在路上临时有礼物要送人，缺一根红带子包扎，就在红绸布的边缘剪了一个布条来用。

从此，四面八方都传开了老信客的“丑闻”。乡亲们都怀疑他过往送东西时也做过手脚。老信客百口莫辩，只能灰头土脸地离开，再也没有回来。

老信客用几十年的时间积累下的声誉，因为一次小小的失信，前功尽弃，名誉扫地。你觉得他是聪明人，还是糊涂人呢？

教养工具3：
用“契约板”培养孩子的诚信品格

要培养孩子诚信的品格，有个教养关键点一定要注意，那就是要让孩子从小明白契约精神。契约精神的精髓就是诚信。拥有契约精神的人，行走社会必能乘风破浪。

2018年8月21日，在从济南西站开往北京的G334次高速动车组列车上，一男子霸占别人的座位，面对前来劝阻的乘务员，不仅不听劝阻，而且胡搅蛮缠。此事一度在网上发酵，引来无数人评论。该男子也被称为“高铁霸座哥”。

之后，社会上又陆续出现“霸座女”“霸座大妈”和“霸座大爷”。凡此种种，都是缺乏契约精神的表现。我们付钱买票，凭票入座，这张票就是“契约”。霸占别人的座位还耍无赖，无视法规，必然要付出沉重的代价。

我的一位受访者乔爸，曾和我聊起他在大学时遇到过的一件事。他的一个同学成绩十分优异，但是在一次考试时作弊被抓，最后被处以留校察看一年。根据规则参加考试，这是学生和学校之间的“契约”。遵守这个契约，是每一个学生最起码的义务。然而，不知道是心存侥幸，还是一贯如此，有些人因为缺乏契约精神，人生之路发生了巨变。

2019年12月，“婚前该不该查对方征信”这个话题一度登上微博热搜头条，引起众多网友讨论。一时间，阅读量过亿，讨论过万。为什么大家如此关心这样的话题？这个话题源于一个网友的吐槽。在结婚前一周，这个网友因为想着婚后要贷款买房，所以查了一下结婚对象的征信，结果发现对方欠了不少债。

很多网友纷纷留言，诉说因为一方征信问题造成夫妻双方共同还债的血泪史，呼吁大家结婚前一定要查对方的个人征信报告。我想，这个话题显示了社会的进步。这足以说明个人信用的重要性，也反映了“不遵守契约，必将付出沉痛代价”的必然性。

在我们家的一面墙上，有块“契约板”。这块契约板上面贴着我们和米奇之间的各种“契约”，随时增补。比如：

1.宁可零分，永不作弊。

2.不能说谎，更不能做假证。

3.宁可做一个刚正不阿的平常人，不做一个投机取巧的“聪明人”。

4.良心是最公正的裁判，别为你占的小便宜沾沾自喜。

5.答应别人的事情一定要做到，如果实在因为特殊原因做不到，一定要诚恳地向对方说明情况。

6.约会不要迟到。

父母千万不要忽视关于“契约精神”的教育，它是孩子社会化过程中最重要的道德资产。

第15章

给孩子一颗“责任心”，让孩子在社交中赢得主动

启示录：

医生用嘴吸尿救人！当事人淡然回应：天职所在

2019年11月19日，从广州飞往纽约的南航CZ399航班上发生感人一幕。一个老人突然发病，急需帮助。听到广播，正在航班上的分别来自暨南大学附属第一医院和海南省人民医院的两位医生站了出来，他们对老人做了诊断后认为：老人膀胱内存有大约1000毫升尿液，如果不及时处理，可能导致膀胱破裂，甚至休克。

两位医生尝试穿刺排尿，但收效甚微。危难时刻，其中一位医生毫不犹豫地把导尿管放进嘴里一口一口把尿液吸出，另一位医生在旁边做配合工作。经过一番努力，两位医生终于帮助老人排出了尿液。最终，老人病情得到缓解，转危为安。两位医生最后还非常负责任地嘱咐病人，下机后要及时去医院进行进一步治疗。

在接受媒体采访时，两位医生只是淡然地说了四个字：“天职所在。”医者仁心，我们在这份“天职”里看到了两位医生强烈的责任心。

责任心是一个人应该具备的基本素养，是健全人格的基础，是家庭和睦、社会安定的保障。一个没有责任心的人进入社会，不可能受到信任和重用。一个富有责任心的人，在社会上必然受到合作伙伴、亲朋好友的赏识，在家庭中也会赢得伴侣和孩子的尊重。

毫无疑问，责任心要从小培养，也必须从小培养。如果我们希望孩子未来踏入社会时有更完整的人格，社交赢面更大，就从现在开始，把培养孩子的责任心作为重要的教养任务吧！

教养工具1：

警惕“孩子责任心培养”的三个误区

第一个误区，孩子的事就是父母的事。

阿德勒说，父母特别关注和过度监视孩子，会让孩子误认为，父母应该帮自己克服一切困难，而他自己不用负任何责任。

孩子为什么不愿意承担责任？也许是因为我们事事代劳，剥夺了他们负责任的机会。特别是孩子的学习，家长若焦虑到无以复加，恨不得代替孩子去读书，孩子自然无限懈怠。

我们要让孩子明白：父母的责任是什么？孩子的责任是什么？尤其要向孩子强调，工作是父母的责任，学习是孩子的责任。

比如，孩子没有完成功课，让他自己承担后果；忘带文具、书籍到学校，别动不动就跑到学校给他送去，他应该为自己的粗心大意负责任。孩子只有在承担了后果后，才能体会：“学习是我自己的事，我必须为自己负责。”

当然，让孩子自己承担责任，不是说对他采取“放任”“放弃”的态度。比如，对孩子的丢三落四，可以在平时教给他一些相应的处理方法。在我们家，米奇的书包里有几个文件袋，每个文件袋放不同学科的资料。他还经常在门口的小黑板上贴一张便条，以提醒自己每天出门前确认带全了所有东西。

第二个误区，孩子不用做家务，或做家务应该给予奖励。

很多家长总觉得，孩子忙于学习，哪有时间做家务，再说他们笨手笨脚，不添乱就不错了。这其实是一个严重的误区。孩子连做事的能力都没有，又怎么为某件事情“负责”呢？

在我家，米奇从小学一年级起，就学着自己整理书桌、床铺；每天晚上为家人盛饭、盛汤；周末帮家人洗碗；如果到超市购物，他会帮我们提购物篮或推购物车……

米奇10岁左右的时候，我们开始教他烧简单的菜，比如番茄炒蛋、炒青菜、烤鸡翅等。这样，我们不在家的时候，他至少能自己应付着吃一顿热饭。也许，你会问，孩子这么小，万一烫伤了怎么办？很简单，把处理紧急情况的方法一并告诉他就是了。比如，万一手被热油烫到，先关火，然后用冷水冲15分钟左右，再涂点烫伤药膏。

让孩子做家务，重要的不是他做了多少事，而是能给孩子承担责任的机会，能让孩子有“我长大了，可以做的事情越来越多”的感觉。孩子有时候拖不干净地，洗碗打碎了碗，这些都不是大问题。但很多大人这时可能就忍不住了，会冷嘲热讽：“看到了吧！叫你不要弄非要弄，还是我来吧！”这样，不仅会打击孩子的自信，让他觉得自己没用，关键是会剥夺他为此负责任的机会。最后，他只会“事不关己，高高挂起”。

还有个现象要警惕。有些家长为了让孩子做家务，会采取奖赏的方式，比如奖励金钱或美食等。这种做法肯定无法培养孩子的责任心，只会让他觉得：“做家务必须和奖赏挂钩，否则我不干。”

第三个误区，孩子小，犯错应该原谅。

还记得我在前面讲过的《成长的烦恼》里的那个故事吗？杰森发现小儿子本杰明用欺骗的方式向邻居筹钱，很是生气。麦琪的意思是算了，毕竟本杰明只是个小孩子。但是杰森坚定地要求陪儿子一家家退回钱款并道歉。

再比如我在前面讲的另一个例子——“上海某乐园摸臀事件”，小男孩做了错事，其家长应带领孩子诚恳地向被摸女孩道歉，但是其家长是怎么做的？殴打、谩骂被摸女孩。在这样的教育方式下，孩子的担当意识从何谈起呢？

孩子的年龄不是犯错的借口。无论多大的孩子，都必须明白一个道理：自己做错事，自己要负责。家长一味地包庇孩子，终将自尝苦果。

教养工具2：

学会真正的道歉，拒绝花式借口

现在，社会上好像有一种不良风气，人们很怕道歉，总觉得道歉就是承认错误，承认错误就得承担责任，而“承担责任”就意味着金钱、名誉、颜面上要遭受损失。所以为了不受损失，有些人即使做错了事，不到万不得已，绝不认错。

其实，人非圣贤，孰能无过？是人，就会犯错，犯了错，就要道歉。培养孩子的责任心，有个重要的原则，就是让孩子坦然承认错误，学会真诚道歉。

怎么做？很简单，父母在日常生活中做好示范。

前段时间，我们家发生了一件事。那一次，米爸开车带我们出去玩，我坐副驾驶位，米奇坐后排。在一个路口，米爸习以为常地拿起保温杯喝了口水，然后通过这个路口。我有点儿不开心，因为“车停才喝水、车动不喝水”——是我和他的约定。更何况在路口边开车边喝水，实在是个危险的举动。

我忍住情绪，提醒道：“米爸，你刚才通过路口的时候在喝水。”米爸意识到了自己的错误，赶紧说：“米妈，米奇，对不起！对不起！我错了。我刚才的行为非常危险，请你们原谅我。我太不小心了，一定要改。”

试想一下，如果米爸这么说：“哎呀，不就喝口水嘛，有什么大不了的。我嘴巴干呀，没办法。”或者说：“好好好，我错了好吧！”米奇在后排会有何感想？孩子很容易学会这样的道歉方式——找借口、假道歉。

那么，真正的道歉是什么样子的呢？

第一，放下所谓的尊严和面子，要对事不对人。比起虚伪的道歉带来的负面效应，所谓的尊严根本不值一提。恰恰是坦荡的、真诚的道歉，会为你赢得更多尊重。

第二，多采用以“我很抱歉”和“我错了”开头的句式。当你用这类语句的时候，你的道歉更容易被对方听进去，也更容易被接受。

第三，道歉不能敷衍了事，要明确说出细节。比如，你做的错事会有什么后果，可能会伤害到谁。

第四，道歉时，不要为自己的错误找“合理化”的理由。真正有责任心的人敢于承认自己的错误，并且会承担错误带来的后果，不会将错误推卸给别人，给自己找一大堆借口。

我们应该向孩子传达这样一种理念：向别人道歉不是软

弱的表现，恰恰是一种勇气。我们做父母的，就是要用爱心和耐心，让孩子滋生出勇于道歉的力量。这是孩子责任心发展的力量源泉。

教养工具3：养小宠物，让孩子从头“负责”到底

我们平常说的“宠物”，在心理学上有个专业名称，叫“伴侣动物”。北京师范大学心理学院的相关研究人员曾做过一个主题为“伴侣动物与儿童心理健康”的调查研究。研究人员通过对北京11所小学402名小学生进行调查发现，养“伴侣动物”可以培养孩子良好的社会情绪，如自信、有爱心、乐于分享、有责任感、愿意照顾别人等。

美国哈佛大学心理研究所一项研究也表明，在家里养宠物的孩子，责任意识可提高20%。在美国，有37%的宠物主人和55%的小宠物主人把“能培养责任心”列为养宠物的最大益处。

这些研究表明，家长可有意识地将宠物当作教育孩子的

媒介。在养育宠物的过程中，家长不要轻易代替孩子去承担责任，可潜移默化地培养孩子的责任心。

但现实情况是，很多父母认为，养宠物浪费时间，会耽误孩子学习。这是一个严重的教育误区。养宠物不是看视频、打游戏，绝对不会上瘾。拒绝孩子养宠物的家长应该反思，你是愿意给孩子一个电子商品玩，还是愿意让孩子养一个小宠物呢？

我们家米奇的宠物很多，他养了一条泰迪犬和十几只乌龟（有巴西龟、金钱龟、拟鳄龟等）。每天，他都会抽时间，悉心照顾它们。

我们约定，他用自己的零花钱买狗粮、龟粮，每天亲自喂养它们。如果他不提出需求，我们不会参与他的“工作”。比如，龟缸发臭了，我们最多提醒他赶紧换水，而不是悄悄把活都干了。有一次我看不下去，帮他换了一次水，他还责怪我“帮助过度”呢。

如何让孩子完整地参与宠物的养育过程，进而培养其责任心呢？我的建议是这样的：

一、我们可以和孩子讨论一下，他到底喜欢养什么样的小动物。然后，我们要让孩子对准备养的小宠物有个充分了解。

二、正式养育前，要和孩子先约定好，喂养任务到底由谁负责。随着孩子年龄的增加，他承担的责任可以相应增多。当然，考虑到学业等因素，我建议准备养宠物的家长，宠物品种可以选择好养一点儿的（比如乌龟），数量可以控制在一两个比较好，给孩子的任务也不要太多。

三、在养育过程中，开始时要协助孩子照顾好宠物，然后慢慢地退出，让他成为主要抚养者。一定要避免“孩子一句话，累死一家人”的局面。否则，培养责任心就无从谈起。

四、让孩子勤洗手，做好个人卫生。这是让他对自己的健康负责。

五、有些宠物的寿命不长，孩子有时要接受宠物会死亡这个现实。这时，我们不要回避，最好和孩子一起为宠物做个告别仪式，比如举行一次“宠物葬礼”。我们和米奇，在家附近的大树下，埋葬过死去的小龟。尊重动物的生命，送它们走完最后一程，也是生命教育、情感教育最好的时机。

六、最后一个原则非常重要，不要轻易把宠物送人。如果孩子无法控制自己，玩宠物暂时影响学习，我们应该想办法让孩子合理分配时间，而不是第一时间放弃饲养宠物。否则，孩子会有一种错觉：我不用对自己做的事“负责”。